우리는 통일세대

미래 세대를 위한 북 바로 알기

우리는 통일 세대

김이경 지음

초록비책공방

차 례

우리의 미래, 통일 시대

2018년 4월 27일 판문점 선언 이후 통일을 지지하는 여론이 급속히 높아졌다. 그러나 통일의 파트너인 북녘에 대한 불신은 여전히 크다.

2018년 7월 말 문화체육관광부에서 실시했던 여론 조사의 결과를 보면 국민 83.5퍼센트가 남북 통일이 가능할 것이라고 보았고, 통일로 인한 이익이 클 것이라는 인식도 64.6퍼센트를 넘었다. 반면 북은 여전히 우리의 안전을 위협하는 대상(78.4퍼센트), 경계해야 할 대상(70.2퍼센트)이라는 부정적 응답과 협력해야 할 대상(77.6퍼센트), 궁극적으로 통일의 대상(76.3퍼센트)이라는 긍정적 응답이 비슷한 수준으로, 북에 대해서는 상충하는 인식이 공존하는 것으로 조사됐다.

북녘을 경계해야 할 상대로 보는 의견이 많을수록 남북 관계가 조금 불안정해질 때마다 통일을 지지하는 여론도 나빠지게 마련이다. 믿지 못할 집단과 통일을 하고 싶은 마음이 우러날 리 없다. 북을 제대로 보고 판단하는 것은 어느 때보다도 중요한 과제가 되었다.

초등학교 시절부터 각인된 북녘의 이미지는 자유가 없는 가난한 나라, 가보고 싶지 않은 동토의 왕국이었다. 굶주림과 학살로 얼룩진 영상이 북녘의 현실이라고 생각하는 사람들이 아직도 많다. 그렇지만 만일 북녘이 그런 사회였다면 벌써 몰락했을 것이다.

우리나라에서도 4.3 제주항쟁을 학살한 이승만 정권, 4.19 혁명을 짓밟은 박정희 정권, 광주학살 전두환 정권, 박근혜 정부까지 아무리 철통같은 권력도 국민의 분노와 투쟁으로 무너졌다. 자유와 민주주의를 향한 민중의 갈망을 원천 봉쇄하는 것은 불가능하다.

실제로 북녘은 어떤 곳일까? 나는 2001년부터 2014년까지 남북 양쪽 정부의 허가를 받고 북을 내 집같이 드나들며 다양한 민간교류를 연결했다. 내가 가본 북녘은 병영 사회가 아니었다. 감시받는다고 생각하는 사람들은 한 명도 없었다. 모두 활달하고 당당했다. 그들은 정이 넘쳤으며 자유와 민주주의를 구가하며 살고 있었다.

어떤 사회이건 좋은 점과 나쁜 점이 공존하기 마련이다. 이상적인 사회도, 절대 나쁜 사회도 존재하지 않는다. 그런데 왜 우리는 북녘을 뿌연 잿빛의 나라, 가난함과 절망이 흐르는 땅으로 알고 있을까? 왜냐하면 그것은 사회주의 사회인 북의 살아가는 방식과 문화가 우리와 다름에도 불구하고 모든 차이를 극단적인 이분법, 빨갱이라는 잣대로 바라보았기 때문이다.

매카시즘의 광풍이 휘몰아치는 나라에서 살아온 우리는 사회주의 삶의 방식을 구체적으로 공부할 기회가 없었다. 분단 체제에 편승해서 기득권을 누리며 살아온 수구적폐 세력은 온갖 가짜 뉴스를 퍼뜨리며 북을 악마로 만들어왔다. 북 고위층 인사가 처형되었다는 남녘의 언론 보도 후 다시 그들의 건재가 확인되어도 오보를 낸 언론은 반성하기는 커녕 정정한 적이 없다.

올해 초 나의 대북 민간교류 사업의 경험을 쓴 책이 출판되어 많은 분들의 호응을 받았다. 그 후 전국을 돌며 '독자와의 대화'를 나누는 과정에서 사람들은 좀 더 쉽고, 정확하게 북녘을 이해할 수 있는 기회를 바라고 있다는 것을 느낄 수 있었다. 이전 책은 나의 민간교류 경험을 통해 보았던 느낌을 쓴 책이지만, 좀 더 본격적으로 북을 깊이 있게 다루는 책을 써야겠다는 생각을 하게 되었다. 나는 북 전문 연구가가 아니기 때문에 경험을 바탕으로 이 책을 썼다.

기존 책이 사람의 정이 넘치는 사회주의 북을 다루었다면 이번 책에서는 그들이 경제난을 극복한 과정과 교육 · 종교 · 의료 등과 같은 현재의 생활상, 북의 역사와 문화에 대해 이야기하려고 한다. 외세의 압력에 굴하지 않고, 주체적으로 나라를 건설해온 과정, 그런 역사 속에서 형성된 정서와 사고방식을 살펴보고

자 한다. 혁명 전통은 그들의 심장을 지키는 상징이 되었고 내일
을 여는 열쇠가 되고 있다.

앞으로 남북 관계가 전면화되어 소통과 협력이 원활해지면 해
결해야 할 쟁점들이 많지만 이 책에서는 북의 주장을 객관적으
로 옮기는 것에 충실하려고 노력했다. 단어도 되도록 북의 용어
를 그대로 사용했다. 이 책을 계기로 우리가 알고 있는 북의 모습
과 다른 점들에 대해 다방면적인 토론과 연구가 진행되기를 바
라는 마음이다.

'북한'이 아닌 '북' 또는 '북녘'이라는 용어를 쓴 것은 이 지구상
에 '조선민주주의인민공화국'은 있어도 '북한'이라는 국가는 존
재하지 않기 때문이다. 그렇다고 아직 대중적으로 북한이라는 말
을 사용하는 상황에서 '조선'이라는 용어는 거부감이 있을 수도
있을 것 같아서 남북이 합의한 표현인 '북' 또는 '북녘'이라는 말
을 쓰는 것이 적절할 것 같다. 또한 북의 지도자에 대해서는 가급
적 공식적인 호칭을 쓰려고 노력했다. 시기마다 호칭이 일정하지
않지만 대체로 가장 많이 불리는 호칭을 사용했다.

1장.
북녘 청소년의 성장기

북녘 청소년들의 꿈

아버지와 어머니의 인생길을 반복하고 싶지 않아요

유튜브에서 북녘 영화 〈한 녀학생의 일기〉를 찾아서 감상해보자. 이 영화는 북녘이 최악의 경제난을 조금씩 극복하던 2006년에 만들어졌는데 칸 영화제에서 상영되었던 작품이다. 최첨단산업인 '자동수치제어 공작기계(CNC)'를 만들어내려고 고군분투하는 북녘 과학자의 딸 수련의 성장통을 담담한 시선으로 그려낸 일기 형식의 영화로, 많은 공감을 불러일으켰다고 한다.

주인공 수련은 과학과 문학 분야에 재능이 있는 중학생(우리나라로 치면 고등학생)이다. 아버지는 기업소 현장에서 CNC 생산을 위해 연구하는 과학자이고, 어머니는 도서관 사서로 일한다. 사서일을 하면서 틈틈이 남편의 연구와 관련된 외국 논문을 번역해

주느라 눈코 뜰 새 없이 바쁜 어머니 대신 수련 자매를 돌봐주는 사람은 할머니이다.

수련은 늘 아버지의 관심과 사랑을 기다리지만 아버지는 하루라도 빨리 CNC를 만들어야 한다며 집에 자주 오지 않는다. 아버지의 부재. 수련은 학교 가정통신문에 '아버지 사망'이라고 적어낼 정도로 불만이 크다. 심지어 어머니가 암에 걸려 수술할 때도 아버지는 오지 않았다. 낡은 시골집은 굴뚝도 자꾸 쓰러지고, 다림질하다가 누전으로 방에 불이 나기도 했다. 친구들이 굴뚝을 고쳐준다고 몰려와 법석을 떨었지만 큰 도움이 되지 않았다.

수련이 보기에 아버지는 딱히 내세울 것이 없다. 그럴듯한 박사학위증도 없고, 권위 있는 대학 교수도 아니다. 아버지는 남에게 어떻게 보이는가보다 인민의 삶에 실질적으로 이바지하는 연구를 위해 헌신해야 한다지만 수련은 미덥지 않다.

수련의 부아를 돋우는 것은 같은 반 친구 경화이다. 경화 아버지도 연구자인데 아파트에 사는 경화네를 가보면 박사증과 장군님(김정일 국방위원장)이랑 함께 찍은 큼지막한 단체 사진도 걸려 있다. 수련은 공부도 못하는 경화가 아버지의 화려한 경력으로 잘난 척하는 것 같아 짜증이 난다. 인민위원회에서 수련네에게 새 아파트 입주권을 주려고 하였지만 아버지가 거절하는 바람에 그마저 경화네로 돌아갔다. 수련은 가족의 고통을 모르는 아버지가 원망스럽기만 하다.

가끔 집에 오는 아버지는 온 가족이 모처럼 둘러앉은 아침 밥

상에서도 무뚝뚝하다. 옆집
아주머니 연탄 찍어주는 일
에는 그리 자상하면서 수련
에게는 "나라에는 과학 일
꾼이 필요하다. 이과대학에
갈 결심을 굳히라!"며 엄포
만 놓는다. 수련의 대답이
인상적이다.

"솔직히 난 아버지나 어
머니의 인생길을 반복하고
싶지 않아요."

영화는 아버지와 딸이 화

칸 영화제에 제출한
〈한 녀학생의 일기〉 포스터

해하고 수련이 이과대학에 진학하는 것으로 끝을 맺는다.

아버지는 딸과 어떻게 화해했을까? 아버지가 연구한 CNC가
성공하고 사회적으로 인정받게 되면서 수련은 아버지에 대한 믿
음을 회복한다. 아버지가 대학에 강의도 나가고, 나라에서 표창
도 받으면서 부모에 대한 긍지를 회복했기 때문이다. 인민위원
회에서는 아버지 몰래 이삿짐까지 직접 옮겨주며 수련의 소원
을 풀어준다.

〈한 녀학생의 일기〉는 담담한 다큐멘터리 같은 영화이어서 북
녘 청소년들의 삶을 차분하게 들여다볼 수 있다. 입대와 취직, 진

학을 고민하는 모습, 딸의 소풍날을 잊고 있다가 저녁이 되어서야 도시락도 싸주지 못한 것을 깨닫고 미안해 쩔쩔매는 어머니, 반려 고양이의 모습까지 우리 시골집의 풍경을 보는 듯하다.

북녘 청소년들과 우리나라 청소년들의 생활 비교해보기

북녘 청소년들은 어떻게 시험 공부를 할까? 수련과 친구들은 함께 모여서 토론하며 기말시험을 준비한다. 시험 문제는 우리와 달리 미리 공개되고 주관식이어서 각자 설득력 있는 논거를 적지 않으면 답안지를 작성할 수가 없다. 함께 토론하며 공부하는 것은 컨닝이 아니라 자기의 주견을 정리하는 필수적인 과정이다. 수련은 경화가 답안지를 보여달라고 하자 답안을 보여주면서도 "남의 것을 베끼면 자기 공부가 되냐?"라고 핀잔을 주는 장면이 인상적이다.

북녘에는 학원이 없어서 친구들과 보내는 시간이 많다. 영화에는 대여섯 명의 아이들이 수풀 그늘에 둘러앉아 기타를 치며 노래하거나 운동장에서 달리기하는 장면이 나온다. 수련이 달리기 경주에서 경화를 제치면서 "다시는 내 앞에서 까불지 마!"라며 톡 쏘는 장면은 우리 청소년들이 아웅다웅 싸울 때와 똑같이 귀엽고 상쾌하다.

친구네 굴뚝을 고친다며 법석 떠는 친구들! 가난하지만 정이 흐르고 따뜻한 사회라는 것을 알 수 있다. 우리나라와 북녘의 사회는 무엇이 다를까? 중학교를 졸업하고 대학시험에 떨어진 남학생들은 군대에 가는데 그 기간이 무려 '10년'이다. 그런데도 아이들은 불만이 없다니 잘 이해되지 않는다. 또 북에는 보습학원이 없으니 학교 공부로 부족하지 않을까? 이것도 토론해볼 논점이다. 아파트를 돈 주고 사지 않고, 공짜로 입주권이 나오는데 공장 숙소일까? 이것도 궁금하다.

개인의 행복을 추구하는 삶 vs 인민을 위해 헌신하는 삶

이 영화가 화두로 제기하는 가장 큰 주제는 '자기의 행복을 추구하는 삶과 인민을 위해 헌신하는 삶. 이 두 가지 중 무엇을 위해 살 것인가?'에 대한 문제이다. 수련과 아버지의 갈등으로 표현되었지만 북녘 주민 누구라도 스스로 판단해야 할 문제이다.

가정을 돌보지 않으면서 일한다고 사회적으로 알아주는 것도 아닌데 그럴 바에야 인민에 대한 헌신도 적당히 하고, 개인의 행복도 추구하며 살 수는 없는가? 수련은 아버지가 스스로를 속이는 것이 아닌지 의심하면서 학위도 얻고 좋은 아파트에서 살기를 바란다.

그러나 아버지의 생각은 단호하다. 아버지가 어머니에게 "인민의 삶의 향상에 실질적으로 이바지할 방안을 더 열심히 찾지 않고 사회적 인정을 바라는 것은 옳지 않다."라고 말하는 장면이 나오는데 이 영화에서 말하려고 하는 바가 이것이 아니었을까 싶다.

이 문제는 결국 수련이 스스로 깨달아야 했던 문제이며 북녘의 청소년이라면 누구나 겪을 수 있는 성장통인 듯하다. '묵묵히 헌신하고 복무하는 것'과 '사회적 인정과 개인적 행복이 병립하기를 바라는 것', 이 둘 사이에는 큰 심연이 있다.

경화네처럼 이 둘을 적당히 얼버무리며 잘살아가는 사람도 많겠지만 수련의 아버지처럼 답답하지만 원칙주의를 고수하는 사람들도 있다. '무엇이 참된 가치인가?'라는 질문에 대해 우리 각자는 어떤 답을 내릴 것인가.

조선을 위하여 배운다

우리는 무엇을 위해 배울까

'조선을 위하여 배우자.'

이는 북녘에서는 흔히 볼 수 있는 구호이다. 우리는 이런 구호를 보면 옛날 군부독재 시절의 관변 구호 같아 편치 않다. 그런데 북녘 청소년들에게 '조선을 위해 배운다'는 것은 평상심이다.

하긴 우리도 어렸을 때는 그렇게 생각했던 것 같다. 에디슨, 링컨, 이순신 장군 등 위인들의 전기를 읽으면 가슴이 두근거렸던 시절도 있었는데……. 그때는 훌륭한 사람이 되기 위하여 공부한다고 생각했지만 자랄수록 공부의 목표는 점점 현실적으로 바뀐다.

좋은 대학을 나와야 취직도 잘 되고 가정도 꾸릴 수 있으니 공부하는 것이지 다른 이유는 심한 과장이다. 훌륭한 사람이 되겠다

'배움의 천리길'이라는 답사 행군을 하는 모습

는 순수한 꿈은 사라지고 성실한 시민으로 살기도 쉽지 않다. 나 살기도 힘든데 나라를 위한 큰일은 정치인에게로 미룬다.

만일 성실한 시민에 만족하지 않고 여전히 나라를 위해 큰일을 하겠다고 꿈꾼다면 국회의원 같은 정치권에 들어가야 한다. 권력 과 힘을 얻어야 큰일을 도모해볼 수 있기 때문이다.

얼마나 출세해야 큰일을 할 수 있을까? 가까스로 얻은 국회의 원 자리도 다음번 선거 때 다른 경쟁자에게 밀릴지 모른다. 줄을 잘 서야 하고 관계를 잘 맺어야 한다. 그러던 사이 나라를 위해 큰일을 하겠다는 초심은 사라지고 힘과 권력에 빌붙어있는 자신 을 발견한다.

남북 체제 차이를 이해하기 위한 선제 조건

이처럼 '나라를 위해 배우자!'는 구호는 우리에게는 의미 없는 말이지만 북녘에서는 사정이 다르다. 그것은 북녘이 우리와 다른 사회주의 체제이기 때문이다. 자본주의와 사회주의가 어떻게 다르기에 이런 차이가 날까? 사회주의와 자본주의의 핵심을 제대로 알지 못하면 이 차이점을 이해하기 힘들다.

우리 사회에서는 '자유'와 '민주'를 자본주의 기본 원리로 '강제'와 '독재'를 사회주의 기본 원리라고 알고 있다. 그러나 '조선민주주의인민공화국'이라는 국가 이름에서도 알 수 있듯이 북녘은 스스로 민주주의 사회라고 주장한다. 북녘에서는 두 체제의 차이가 민주주의 여부가 아니라 그 사회의 주인이 누구인가에 따라 갈라진다고 말한다. 북녘은 '인민'이라고 말하고, 우리는 '국민'이라고 하는데 이 말은 같은 뜻일까?

먼저, 자본주의 사회의 주인이 '국민'인지에 대해서 꼼꼼히 알아보아야 한다. 우리 헌법 1조 2항에 '대한민국의 주권은 국민에게 있고, 모든 권력은 국민에게서 나온다.'라고 규정해놓았다.

그런데 주권자인 국민의 뜻은 어떻게 알 수 있을까? 우리 사회에서는 계급 또는 계층별 이해가 첨예하게 갈라져 무엇이 국민의 뜻인지 정당별 해석이 다양하다. 예민한 사안을 논의하는 국정 방침에 대해 지지파와 반대파가 확연히 갈라진다. 하나의 사안에 대한 여론 조사를 해보아도 지지층, 반대층 못지않게 중간층도 꽤

학교에 붙어있는 구호

많다. 그러니 대한민국의 주권이 국민에게 있다는 말은 '선거 이야기' 혹은 촛불힝쟁같이 거대한 분노와 투쟁이 표출될 때만 작동하는 추상적인 개념인 것 같다.

　이것은 자본주의의 속성에서 나오는 필연적인 갈등이다. 자본주의는 자산 소유관계에 따라 계급계층이 갈라지고, 이해관계가 다르기 때문이다. 그러면 자본주의에서 국가는 중립적인가? 물론 그렇게 표방한다.

　그러나 자본주의는 사유재산을 인정하고 보호하는 것에서 출발하며 공정한 경쟁, 시장경제를 근간으로 한 사회이므로 국가의 가장 중요한 임무도 바로 이것을 유지하고 발전시키는 데 있다.

즉 자산, 사유재산을 보호하는 것이 자본주의 국가의 가장 중요한 이념이다. 이것이 자본주의의 핵심이며 사유재산을 많이 가진 사람들의 이익을 보호하는 것이 국가의 근본적인 임무가 된다. 국가는 중립을 표방하지만, 돈이 권력인 자본주의 사회에서 재벌과 중소기업 그리고 노동자, 서민은 공정한 게임을 펼칠 수 없다.

국가 정책도 사실상 사유재산이 가장 많은 재벌의 이익을 침해하지 않도록 조정된다. 중소기업과 상인을 보호한다고 하지만 재벌의 갑질과 불평등을 해소하기는커녕 사회적 불평등은 나날이 격화되고 있다.

주택 소유자들의 재산권을 지켜야 하므로 집값이 오르는 것도 근본적으로 막을 대책이 없다. 치솟는 부동산 가격, 건물 임대 가격이 물가상승의 주범인데 최저임금을 올리려는 노동자만 계급 이기주의로 몰린다. 영세 상인들도 임대료를 턱없이 올리는 건물주에게 항의할 수 없으니 애꿎은 비정규직 아르바이트 직원들의 시급만 묶어 두려 한다.

그러면 재산이 많은 부자들은 자신들을 지켜주는 이 사회를 위해 공적인 일을 많이 할까? 그들은 조금이라도 이윤을 더 많이 창출하기 위한 규칙을 원할 뿐 사회적 불평등의 해소 문제는 자신들의 몫이 아니라고 생각한다. 오히려 국가를 위해 세금을 많이 내는 계층으로서 자신들의 지분을 요구한다.

이처럼 자본주의 국가에서는 돈이 실력이자 권력이며, 그러면서 개인의 자유와 시장 질서를 전가의 보도처럼 휘두른다.

사회주의의 정체

사회주의는 자본가가 없다. 자본주의에서는 자본가가 회사를 만들어 노동자를 고용하지만, 사회주의에서는 노동자들이 단결하여 기업을 만들고 지혜를 모아 제품을 생산하며 사회에 보급한다.

기업에서 만들어낸 가치와 이익금은 국가와 노동자 자신에게 돌아가므로 기업의 운명을 결정하는 것도 노동자이며, 나라의 주인도 노동자와 일하는 사람들이다. 조선로동당의 깃발을 보면 낫과 망치와 붓이 그려져 있는데 이는 노동자, 농민, 지식인을 상징한다. 노동자, 농민, 지식인의 당인 조선로동당이 북녘을 이끌어나간다는 의미라고 한다.

자본가가 없다는 것은 노력한 사람이 돈을 많이 벌지 못한다는 뜻이 아니다. 북녘에도 부자와 가난한 사람들이 있다. 빈부의 차이는 있지만 돈을 자본으로 투자할 수는 없다. 즉 자본가가 없다는 것은 땅, 건물, 공장과 같은 사회의 공공재들이 개인 소유가 아니며, '자산소득으로 돈을 벌 수 없다.'라는 뜻이다. 자산소득과 불로소득이 없으니 빈부의 차이가 자본주의만큼 크지 않다.

북녘에서 부자들은 어떻게 돈을 벌었을까? 일본에서 귀국한 재일동포들은 달러를 넉넉히 소유하고 귀국했으며 일본에 남은 친지들이 돈을 보내주었다. 북녘이 어려웠던 고난의 행군 시기, 중국과의 식량, 생필품 무역으로 돈을 번 상인들도 부자가 되었

조선로동당 깃발과 당 창건 기념탑, 낫과 망치와 붓의 결합을 상징한다.

다. 또 최근에는 기업별 초과이익은 기업소 노동자들에게 배분된다. 최근 1~2년 사이에 생활비*가 20~30배 오른 평양 386전선 공장 노동자들은 다른 기업소 직원에 비해 잘사는 것이 당연하다.

회사를 창업하는 것도 사장이 아니라 인민위원회나 내각이 제기하고 노동자들이 힘을 모아 건설한다. 기업이 흥하고 망하는 것, 기업에서 많은 재화를 창출하는 것은 전적으로 노동자들에게 달려있다. 노동자만으로는 현대적 기술 확보가 불가능하다고 생각할 수도 있다. 자본주의에서는 사장이 과학기술자를 채용하지만, 사회주의에서는 과학기술자를 채용하는 것도 노동자이며 또 노동자를 대학에 보내 자체 첨단공업의 토대를 만든다.

사회주의 사회에서 '배움'이란 취직을 위한 것이 아니라 회사의 발전, 노동자 자신의 발전, 또 국가를 위한 것이다.

---

* 북에서는 자본가와 임노동 계약을 맺고 받는 돈이 아니므로 임금이 아니라 생활비라고 한다.

인민의 나라, 인민의 권력

사회주의에서는 자본가 계급이 없으므로 전체 사회의 주인이 노동자와 농민, 즉 '인민'이다. 우리 사회에서의 '국민'이 계급계층을 망라한 개념이라면 북녘에서의 '인민'은 계급적인 개념이다.

그러므로 사회주의 권력은 '국민'의 권력이 아니라 '인민'의 권력이다. 인민의 권력인 사회주의 국가에서는 돈을 벌 자유는 있지만 노동자를 고용하거나 건물을 소유하여 집세를 받을 권리는 없다. 정치인들에게 뇌물을 바칠 자본가가 없으니 부정부패가 있더라도 규모와 범위가 자본주의와 다르다.

물론 관료주의가 없을 리 없다. 원자재를 유리하게 배분해 달라고 청탁하는 사람도 있다. 공장에서 물품을 훔쳐 시장으로 빼돌리는 범죄도 있다. 자유주의적 권리가 억압당할 수도 있다. 그러나 자본주의에서 부자들을 위한 법률과 정책 마련으로 부가 편중될 수밖에 없는 구조, 빈익빈 부익부의 심화 현상을 막지 못한다는 것에 비교한다면 사회주의는 절대 악이요, 자본주의만이 유일한 대안이라고 할 수 있는지 되묻지 않을 수 없다.

인민의 힘으로 건설한 북녘

북녘은 수십 년 동안 경제 봉쇄를 당해왔다. 소련과 동유럽 사회주의가 건재했을 때 북은 그 국가들과는 교역할 수 있었지만 사회주의 국가들이 몰락한 이후 미국은 북의 국제무역을 철저히 봉쇄했다. 북은 왜 국제 제재를 받아야 했을까?

북 사회가 폐쇄적이어서 시장을 열지 않은 것으로 알고 있지만 북은 국제무역을 반대한 적이 없다. 국제무역을 반대한 것이 아니라 초국적 자본가 그룹에 경제 주권을 내주는 것을 거부했을 뿐이다. 시장은 허용하지만 계획경제의 기본 틀을 유지하며 노동자의 자주권과 집단적 경제 원리를 고수했다.

그러나 미국은 자본이 전횡을 부릴 수 있는 완전 개방을 허용하지 않는 북을 방치하지 않았다. 북과 교역하려는 국가와 기업들은 미국의 눈치를 보며 돌아섰다.

"개혁 개방을 하지 않는 것이 김일성 · 김정일의 독재를 지키기 위해서가 아니냐?"고 묻는다면 북녘 사람들은 "사회주의 체제를 포기하는 것은 자본의 노예가 되라는 뜻"이라고 단호하게 대답한다. 게다가 미국이 북을 고립시킨 또 하나의 중요한 이유가 있다. 북을 호전적인 악마로 포장하는 것은 주한미군 주둔의 명분이 되기 때문이다. 분단 체제를 유지하고 북을 독재 국가로 악마화하고, 분단 체제를 유지하는 것은 미국의 동아시아 지배 전략이었다.

1990년대 초 소련과 동유럽의 몰락으로 사회주의 국제무역 관행이었던 구상무역*이 불가능해진 북의 경제는 최악으로 치달았

---

* 대금 결제 시 화폐가 사용되지 않거나 부분적으로만 이용되는 경우를 총칭하는 것으로, 바터무역(barter trade)이라고도 한다. 바터란 화폐를 매개로 하지 않고 상품이나 재화를 교역하는 물물교

다. 엎친 데 덮친 격으로 3년 내내 자연재해가 휘몰아친 1990년대 중반 이후 북 경제는 끝없이 추락했다. 사회주의를 유지하는 배급 체제가 끊겼고, 아사자가 속출했지만 미국은 북의 항복을 압박하기 위해 국제 사회의 인도적 지원마저 최대한 방해하고 핵전쟁도 불사하려 했다. 1994년 지미 카터 미국 전 대통령의 평양행으로 가까스로 핵 공격을 막았다.

상황은 어려워졌지만 사회주의를 완강히 고수하려는 북의 입장은 확고했다. 자본가가 경제를 휘젓게 되면 노동자가 나라의 주인이 될 수 없으며, 외국자본이 국가의 명운을 틀어쥐면 자주권을 지키기 힘들다고 생각했다. 지독한 경제 제재 속에서 살 수 있는 유일한 방법은 오로지 인민들의 힘을 높이는 방법밖에 없었다.

일치단결하여 맨손으로 각종 공사를 벌이고 수학, 화학, 생물학, 물리학은 물론 IT, NT, BT 기술 연구까지 한껏 독려하여 북의 자원으로만 기계, 금속, 열공학산업, 신소재, 에너지, 우주기술을 발전시켰다.

이것이 북녘에서 모든 청소년에게 '조선을 위하여 배우자!'라고 호소하는 이유이며, 국가적 가난에도 불구하고 12년 의무교육을 밀고 나간 이유이며, 전 인민의 간부화와 인재 양성을 위해 총력을 기울인 이유이다. 또 개인의 출세보다도 조국을 살리자며 경제 건설에 모든 것을 바칠 수 있었던 동력이다.

환 또는 수출과 수입을 하나의 교환 방식으로 결부시키는 무역 방식을 의미한다.

북녘의 교육 환경

12년 의무교육과 무상교육

인재 양성이 절박했던 북녘은 교육에 국가의 미래를 걸고 온갖 심혈을 기울였다. 첫 번째 방안은 탁아소부터 대학까지 무상교육의 시행이었다. 그래서 북은 등록금뿐만 아니라 교복, 학용품, 대학생 생활비도 학교에서 지급한다.

탁아소는 무상이지만 의무적으로 보내야 하는 곳은 아니다. 엄마가 전업주부이거나 할머니가 있는 경우 탁아소에 보내지 않아도 무방하다. 탁아소에서는 유아들을 보내 달라며 가정방문도 해보지만 아이를 떼놓지 못하는 엄마의 마음을 무시하지는 못한다. 반면 직장에 다니는 엄마들은 직장 탁아소를 많이 이용한다. 틈틈이 모유 수유도 하고, 엄마를 찾는 아이들을 위해 직장 탁아는 무척 편리한 제도이다.

모든 국민이 다 가야 하는 의무교육은 유치원 높은 반부터 고급 중학교까지 12년이다. 우리나라의 의무교육이 9년인 것과 비교해 3년이 더 많다. 이제 우리도 단계적으로 고등학교를 의무교육으로 한다니 환영할 일이다.

북녘이 전체주의 교육을 하니 무상교육이 당연하다고 생각하는 사람도 있다. 그러나 우리나라는 개인을 위한 교육을, 북에서는 체제를 위한 교육을 한다는 비교는 적절하지 않다.

우리 헌법에는 "자유민주적 기본 질서를 더욱 확고히 하여…… 책임과 의무를 완수"라고 적혀있다. 자유민주적 기본 질서란 자본주의 시장경제 질서를 가리키는 말이며 우리의 교육은 자본주의 체제에 잘 적응하여 민주시민이 되게 하는 것이다. 반면 북녘 사회주의 헌법 제43조를 보면 "국가는 사회주의 교육학의 원리를 구현하여 후대들을 사회와 인민을 위하여 투쟁하는 견결한 혁명가로, 지덕체를 갖춘 주체형의 새 인간으로 키운다." 제63조에는 "공민의 권리와 의무는 '하나는 전체를 위하여, 전체는 하나를 위하여'라는 집단주의 원칙에 기초한다."고 되어있다.

이처럼 남북의 차이는 한쪽은 전체주의 획일화된 교육이고, 다른 쪽은 개인을 위한 교육이라는 점이 아니다. 우리는 자본주의 체제에 적응하는 민주시민이 목표라면 북녘은 집단주의적 원칙을 구현한 집단주의적 인재, 사회주의 혁명가로 키우는 것이다. 교육은 체제의 가치를 첨예하게 반영한다. 교육에 관한 남북의 근본 차이는 개인의 행복과 가치를 어떻게 보느냐에 있다.

김정숙 평양 제사공장(방직공장)

김정숙 평양 제사공장 부설 직장 탁아소 유치원

김정숙 탁아소　　　　　　　　탁아소의 야외 물놀이장

사교육이 없는 북의 예능교육

북녘 교육제도의 또 하나의 특징은 사교육이 없다는 것이다. 입시학원이 없다는 것은 이해하기 쉬운데 예능학원도, 유명 교수의 개인 교습도 없다. 아이들의 예능교육은 탁아소 유치원부터 정규 교육 과정에 포함되고 방과 후 아이들의 자율적 소조 활동을 국가적으로 지원하는 방식으로 전 인민적 예능교육을 펼친다.

우리나라 사람들이 북녘에 갔을 때 가장 많이 가는 곳이 탁아소, 유치원인데 맨 마지막에 재롱잔치를 보여주기 때문에 북녘의 유아 예능교육 현황을 잘 볼 수 있다. 네다섯 살짜리 아이들이 무대에 올라가 노래와 춤을 추며 재롱부리는 모습은 정말 귀엽다.

공연을 본 방문객들 중에는 어린아이들을 너무 달달 볶는 것이 아닌지 걱정하는 사람도 있다. 우리나라의 개인 교습을 받는 아이들이 연상되어서 그럴까? 아이들이 보여주는 표정 연기가 아이들 같지 않아 강요된 훈련이라고 생각하는 것일까? 아이들은 예능과 동시에 무대에서 잘 표현하는 방법도 교육받는데 그에 대한 찬반은 다를 수 있으나 어린 시절부터 무대 예절을 배우는 것이 문제일 수는 없지 않을까?

우리나라의 유치원 교육은 아동의 자발적인 표현 활동과 놀이교육을 통하여 유아가 자신의 감정을 자연스럽게 밖으로 드러낼 수 있는 통로를 마련하는 데 주안점을 두고 있다. 그림 그리기, 점토나 원목 교구, 모래놀이, 물놀이, 음률 활동 등의 놀이교육은 원만하고 능동적인 성격을 형성하고 좋은 지능을 형성하는 데 기초가 된다. 쉽게 좌절하지 않을 정도의 지적 호기심을 불러일으키고 아이의 인지 수준과 관심에 부합하여 적절한 자극을 주고 배려하며 교육한다. 특별한 재능교육보다 동심을 키워주는 것이 우리나라 유치원의 기준이다.

우리나라에서 아이의 재능교육은 집안의 경제적 능력과 어머니의 열성에 달려있다. 학원을 보내 피아노나 미술을 가르치지만 아이의 재능이 무엇인지 명확하게 알 수 없다. 경제적 능력이 있으면 아이가 내키지 않더라도 계속 지도를 받으면 좋아질 것이라고 생각한다. 반면 경제적인 여유가 없으면 소질이 있어도 예능교육을 포기할 수밖에 없다. 양쪽 조건이 다 맞는 아이들은 극히 적으며 아이들의 꿈은 피어나기도 전에 사라져간다.

꿈을 속삭이는 소리

지금 소개하는 영화는 6월 1일 국제아동절(어린이날)을 기념하기 위해 열린 영화 공모전 입상작이다. 제목은 〈꿈을 속삭이는 소리〉인데 나도 가본 적이 있는 '신의주 유치원'(영화에서는 봄향 유치원)에 있었던 실화를 소재로 한 영화이다.

영화는 신의주 교원대학교를 최고 성적으로 졸업한 리설경이

국제아동절을 맞아 신나는
평양 룡흥 3탁아소 아이들

창전소학교 입학식 장면, 입학식날 참관하는 학부모들

유치원 교양원으로 오면서 시작한다. 붓글(서예)을 좋아했지만 어머니의 반대로 꿈을 포기했던 리설경은 어린 시절의 꿈을 다시 키워보려는 소박한 꿈을 갖고 유치원에 왔다.

아이들의 재능을 발굴하고 키워주려 애쓰지만 기대를 걸었던 붓글 재간둥이의 재능은 정체되고, 리설경은 원생들과 겉돌면서 깊은 수렁에 빠진 느낌이다.

옆 반 은희 선생은 아이들에게서 다양한 가능성을 찾아내는 능력이 대단하다. 리설경이 관심을 두지 않았던 아이가 붓글을 좋아한다는 것을 발견하기도 하고, 벽 낙서를 좋아하는 아이가 그림에 재간둥이임을 알아본다. 은희 선생은 또 리설경이 붓글 재간둥이라고 생각했던 아이가 오히려 숫자 감각이 탁월한 아이임을 지적해준다. 리설경의 고민이 깊어지면서 원장과 나눈 대화가 인상적이다.

원장 은희 선생처럼 아이들 동심에 푹 잠겨보세요. 그러면 아이들이 무엇을 바라고, 무엇을 알고 싶어하는지, 무얼 좋아하고 싫어하는지, 왜 웃고 우는지, 한두 아이만이 아닌 아이들 동심에 푹 잠기노라면 그 속에서 뭔가 들리는 소리가 있을 거예요.

설경 무슨 소리가 들리는 걸까요?

원장 아이들이 자기 꿈을 속삭인단 말이에요!

설경 꿈을 속삭이는 소리!

북녘 텔레비전에서 방송하는 영화의
시작 장면

〈아리랑〉 공연에 나타난 아이의 붓글

아이들은 자기 재능이 무엇인지 모른다. 천성에 따라 숫자와 그림과 붓글을 좋아할 뿐이다. 아이들은 보고 느낀 대로 표현하고 자기 멋대로 이야기를 만들고 심취하면서 내면에 잠재해있던 표현법을 터득하게 된다. 이때 어른들이 표현 방법을 존중하고 도와주면 개성 있는 영재로 성장할 가능성이 커진다.

영화에서 원장님은 리설경에게 유치원 교양원은 '아이들이 꿈을 속삭이는 소리에 귀를 기울이고, 빛날 수 있게 도와주는 사람'이라고 말한다. 아이들은 꿈을 꾸지만 그 소리를 들으며 북돋아주는 교양원이 없다면 아이의 재능은 묻힐 것이다. 아이들의 천성과 꿈, 교양원의 도움은 하나가 되어 재능을 성장시킬 원천이 된다.

리설경은 아이들과 함께 놀면서 아이들 각자의 개성과 꿈을 재발견하고 붓글에 진짜 관심있는 아이를 만나게 된다. 영화에서는 리설경이 지도한 아이의 붓글 '아리랑'이 전국 대회에 출품되어 1등을 하고, 이 붓글을 본 김정일 국방위원장이 호랑이의 기상을 느끼게 하는 글씨라며 북녘이 자랑하는 예술 공연이자 10만이 참여하는 대집단 체조 〈아리랑〉의 대표 글자체로 선정하라고 지시한다.

영화에서 전하는 다섯 살짜리 아이의 붓글을 세계적인 무대의 대표 글씨로 선정한 이유가 인상적이었다.

"우리나라에 명 서예가가 없어서 다섯 살짜리 아이의 글씨를 썼겠는가! 그것은 아이들의 천성을 발견하고 재능을 꽃피우고 세계만방에 내세워주려는 마음이 아이의 붓글씨체로 아리랑 공연을 장식한 조국의 마음이다."

아이들의 영재성을 발견하는 학생소년궁전

우리나라 사람들이 가는 평양의 대표적인 참관지 중 만경대 학생소년궁전이 있다. 학생소년궁전은 만경대에만 있는 것은 아니다. 평양시 중구역에는 평양 학생소년궁전이 따로 있고, 각 지역의 주요 도시에는 모두 학생소년궁전이나 학생회관이 있다. 이곳을 영재교육기관으로 아는 사람들이 많지만 사실 북녘 청소년들이라면 누구나 갈 수 있는 방과 후 교육기관이다.

북녘 아이들은 학교에서 오전 수업을 마치고 집에 가서 점심을 먹는다. 오후에는 학교 운동장에서 뛰어놀 수도 있고, 취미생활을 즐기고 싶으면 학생소년궁전 소조에 등록하면 된다.

만경대 학생소년궁전에는 노래·악기·무용·수예·서예·태권도·수영·화학 실험·수학·컴퓨터 등 700여 개의 소조 방과 수영장, 운동실, 10만 권 장서의 도서, 2,000석 규모의 극장, 자동차 운전실습장 등이 있다. 아이들의 다양한 취미 활동을 지원하기에 손색이 없다. 소조 지도 교원들도 500여 명이 넘으며, 1만 2,000명의 학생이 동시에 활동할 수 있는 규모이다.

학생소년궁전 아이들은 소조 활동을 하다가 재미가 없으면 다른 소조로 옮기기도 한다. 소조 몇 곳을 옮기며 취미를 즐기다 보면 자기가 진짜 원하는 것을 알게 되고, 악기 한 개 정도는 다룰수 있을 것 같다. 전국적으로 200여 개의 학생소년궁전과 학생회관이 있다는데 개성에도 학생소년궁전이 있어서 개성을 방문했을 때 멀리서 볼 수 있었다.

학생소년궁전에서는 매주 한 번씩 평양에 온 관광객과 북녘 인민들을 위해 소학교 아이들부터 중학생까지 몇백 명이 출연하여 예술 공연을 한다. 이 공연은 북 아이들이 어떻게 나라의 꽃으로 피어나는지 보여준다. 이처럼 학생소년궁전은 아이들의 꿈을 키우고, 자연스럽게 영재를 발굴할 수 있는 원천이 되며 사회주의 교육제도의 좋은 점을 홍보하는 일석삼조의 의미를 지닌 곳이다.

체계화된 북녘의 영재교육

학생소년궁전이 소조 활동을 도와주는 방과 후 학교라면 여기

만경대 학생소년궁전의 예술 공연

만경대 학생소년궁전, 어머니가
아이들을 품어 안는 형상이다.

만경대 학생소년궁전의
기악 소조

6월 1일 국제아동절을 맞는
평양 대동문 유치원 아이들의
운동회

서 영재성이 엿보이는 아이들은 예능·컴퓨터 영재교육기관인 금성학원에 입학한다. 금성학원은 의무교육 과정인 5년제 인민반 및 6년제 중등반과 3년제 전문부, 4년제 대학부를 두고 있다. 전문부와 대학부 과정에는 중학교 졸업생 중 기악이나 무용, 성악 부문에서 뛰어난 재능을 가진 학생들이 입학하는데 졸업 후 만수대예술단, 평양교예단, 예술선전대, 피바다가극단 등 각종 예술단체로 간다.

2005년 인천 아시아 육상선수권대회에 금성학원 학생들이 응원단으로 왔는데 김정은 위원장의 부인이 된 리설주 학생이 있었다. 나는 당시 인천시와 북을 연결하여 사업을 성사시킨 담당자였는데 그 인연으로 금성학원을 여러 번 방문했다. 교실마다 1명 혹은 2~3명이 개별 지도를 받는 것을 보면서 아이를 키워본 엄마로서 북의 예능교육 방식이 부럽지 않을 수 없었다.

금성학원도 참관단이 방문하면 학생들의 공연을 보여주는데 학생소년궁전의 공연이 앙증맞은 소학교 아이들 중심이라면 이곳에서는 원숙한 중학교 청소년들의 공연을 볼 수 있다.

2000년, 평양 어린이예술단이 서울에서 공연한 적이 있는데 허스키한 목소리로 〈김치 깍두기〉를 불러 우리를 놀라게 했던 다섯 살 김주향 어린이와 신들린 듯 드럼을 두들기던 아홉 살 리진혁 어린이가 인상적이었다. 2005년에 금성학원에서 김주향 어린이를 만났는데 교원들은 주향이가 어릴 적 너무 유명해져서 혹시 성장하는 데 장애가 되지 않을까 염려하기도 했다.

삼지연 학생소년궁전

덕천 2.16 학생소년궁전

금성학원의 개인 수업 장면

학생들의 무대 공연

금성학원 전경

복도에 걸려있는 아이들의 성적표

일등부터 꼴등까지 사진과 함께 붙여놓은 성적표를 학교 복도에 게시해놓은 것을 보면 우리나라 사람들은 충격을 받는다. '사회주의는 평등을 지향한다면서 왜 경쟁을 조장할까?', '과도한 경쟁은 단결을 해치지 않을까?'라는 궁금증을 갖는다.

그러나 과연 경쟁이 없어도 아이들이 열심히 공부할까? 경쟁하지 않아도 나라에서 취직을 보장해주면 어느 학생도 좋은 성적을 받으려고 노력하지 않는다. 그러면 전체적으로 학력이 떨어지는 것은 당연하고, 국가가 절박하게 요구하는 인재 양성도 어려워진다. 제국주의적 제재의 포화 속에서 혼자만의 힘으로 자주, 자강해야 하는 북녘에서는 청소년들을 느슨하게 키우는 것은 나라의 미래를 망치는 일이며, 그것은 '조선을 위하여 배우려는' 청소년들도 원치 않는다. 유치원 때부터 아이들의 숨은 재능과 천성을 찾아내려고 고심하고, 학교에서는 학생들의 공부에 대한 의욕을 높이려고 갖가지 대책을 세운다.

성적 경쟁은 당연하다. 소학교에서부터 성적표를 학생 얼굴과 함께 복도 게시판에 붙이는 것, 낙제 제도와 재시험 제도, 전국 경시대회, 시도별 수재학교 등이 북에서의 아이들을 질 높은 공부를 하게 하는 경쟁 방법들이다.

김주향 어린이의 서울 공연 때의 모습   만경대 학생소년궁전에서 만났을 때의 모습

삼지연 관현악단으로 강릉에서 공연하는 김주향

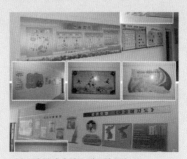

복도에 붙여진 각종 자료학습판

복도에 붙여진 시험 등수표

북녘의 수재학교, ○○ 제1중학교

북녘 청소년들의 학력을 높이기 위한 대책은 성적표를 공개하는 것에 그치지 않는다. 금성학원이 예체능 컴퓨터 영재학교라면 어학, 과학에 뛰어난 아이들이 가는 수재학교가 있다. 학교 명칭 뒤에 '제1중학교'가 붙는 학교들로 평양에만 세 군데가 있다. 평양 제1중학교, 모란봉 제1중학교, 동평양 제1중학교이며, 평양만이 아니라 각 시도마다 이런 명칭의 학교들이 있다.

제1중학교는 소학교 졸업생과 일반 중학교 재학생 중 학교장의 추천을 받아 입학시험을 친다. 이 학교에 다니는 수재들은 별도로 제작한 교과서로 공부하고, 한 학급의 인원 수도 25명 정도로 일반 학교보다 적다. 과학과 외국어에 중점을 두며 1~2학년 동안 아이들의 지적 특성을 평가해 3학년부터 개별적으로 지도한다. 교원들도 김일성종합대학 등에서 선발된다고 하니 이 아이들의 교육을 위하여 국가가 얼마나 심혈을 기울이는지 짐작할 수 있다.

제1중학교에서는 낙제를 두 번 당하면 퇴학당하고 일반 중학교로 간다. 이 이야기를 들었을 때 '퇴학'이라는 말이 너무 섬찍하여 아이들이 받을 상처가 걱정되었다. 그런데 일반 중학교의 1~5등까지의 우등생은 모두 제1중학교에서 온 학생들이라니 조금 안심이 되었다. 퇴학과 재입학 등을 학교 현장에서 일반적인 일로 여긴다면 퇴학당한 학생의 정신적 상처도 생각만큼 크지 않고, 다시 제1중학교로 복귀할 날을 준비할 수 있을 것 같다.

북녘 10대들의 생활

아직도 살아있는 놀이문화

북녘에는 사설 학원이 없는 탓인지 또래 놀이문화가 많이 남아 있다. 1~2교시 수업이 끝나면 운동장에 모여 체조를 하고 3교시가 끝나면 집에 가서 점심을 먹는다. 오후에는 학생소년궁전에서 소조 활동을 하거나 학교 운동장에서 체육 활동을 한다.

일정이 모두 끝나면 여자아이들은 고무줄놀이, 남자아이들은 제기차기, 딱지치기, 자치기, 사방치기놀이를 한다. 학교 끝나면 학원에 가는 우리나라 아이들과는 달리 북녘에서는 단심줄, 연날리기, 줄넘기 등 민속놀이를 하는 아이들을 흔히 볼 수 있다.

내가 초등학교 다닐 때만 해도 어스름 저녁, 엄마가 밥 먹으라고 부를 때까지 동네 아이들과 고무줄놀이를 하곤 했다. 요즘 아이들은 학원에 가거나 게임에만 정신이 빠져 진짜 신나는 놀이를 잃어버린 것 같아 안쓰럽다.

어린 시절의 놀이와 운동은 아이들 성장에 무척 중요하다. 놀이는 아이들의 체력 단련과 두뇌 발육, 인성과 감성, 사회성을 키우기 위한 필수 과정이기 때문이다.

우리 청소년들도 몸을 움직이며 함께 뛰어놀 수 있는 여건이 만들어지면 참 좋을 것 같다. 과도한 사교육과 아이들 여가문화의 상품화를 되돌릴 방법은 없을까?

나는 남북 공동으로 다큐멘터리를 만든 적이 있는데 그 다큐멘터리에서는 집에 와서 점심을 먹고 동네 개천에서 친구들과 물고기를 잡으며 노는 아이들이 나온다. 동네 아주머니가 "학교 안 가고 뭐하냐?"고 잔소리를 하며 지나가는 장면과 아이들이 잡은 물고기로 매운탕을 끓여 온 집안 식구가 오순도순 식사하는 장면이 지금도 기억에 남는다.* 또 개구쟁이 두 명이 밭에서 콩서리를 해서 불에 구워 입언저리가 새카맣게 될 때까지 신나게 먹는 장면도 나온다.

지금 아이들은 도시에 살다 보니 밭에서 콩이 어떤 것인지도 모른다. 그런 아이들이 그 옛날 가난하지만 아름답던 시절 콩서리의 묘미를 알 리가 없을 것 같아 씁쓸하다.

---

* 이 장면은 이명박 전 대통령이 남북 관계를 개선하려고 노력하던 시기에 KBS에서 〈고난의 행군 이후 10년〉이라는 1시간짜리 다큐멘터리로 방영되었다.

설 명절에 광장에 모여서
노는 아이들

눈 내리는 날 아이들이
즐거워하는 모습

롤러스케이트를
타는 모습

빨간 넥타이를 맨 소년단 아이들

우리나라에는 없지만 북녘에는 있는 특이한 제도 중 하나가 빨간 넥타이를 맨 소년단생활이다. 북의 청소년들은 소학교 2학년 때부터 소년단에 가입한다. 아이들에게도 조직생활의 보람을 느끼게 하자는 취지인데 일제강점기였던 1935년 김일성 항일유격대가 활동하던 만주 '소왕청과 마안산 유격근거지의 아동단'이 소년단의 뿌리이다.

1931년 일제는 만주사변을 일으켜 만주를 집어삼켰다. 그 당시 일본은 반일 의식이 강한 조선인의 뿌리를 뽑으려 여기저기서 학살극을 벌였다. 일제와 총칼을 들고 맞서 싸웠던 항일유격대는 학살을 피해 산골로 밀려든 조선 사람들의 피난처를 사수하며 일제의 마수가 미치지 못하도록 유격근거지를 만들었다. 이곳에서 군사훈련도 하고, 항일 운동 일꾼들도 양성하고, 학교를 만들어 아이들에게 조선 글과 공부를 가르쳤다.

항일유격대원들은 인민들과 혼연일체가 되어 일제의 전면적인 침범으로부터 인민들을 보호하고, 유격근거지를 사수했다. 그 결과 이곳은 항일 투쟁의 근거지이자 일제의 권력이 미치지 못하는 일종의 해방구가 되었다. 유격근거지를 사수하려는 인민들과 항일유격대의 피눈물 나는 투쟁과 노력으로 1930년대 중반 이후 만주에는 수십 개의 유격근거지가 있었다.

아홉 살짜리 금순이는 아동단으로 활동하며 사람들의 사랑을 독차지했다. 늘 명랑하게 조잘거리며 아동단에서 노래도 곧잘 불렀다는 금순이는 결국 일제에게 학살당한 부모에 이어 자기도 유격대를 돕다가 학살당한다.

금순이 같은 어린이들은 어른들이 토벌대와 싸우는 동안 아동단을 만들어 활동했다. 망을 보기도 하고, 심부름도 하고, 전령 전달 나팔을 불기도 했다. 피신할 때도 일제와 전투를 벌여야 하는 어른들의 잔손이 가지 않게 일사불란하게 조직적으로 움직이려면 아이들의 자율적인 활동이 유용했다. 아동단 배낭에는 물과 성냥, 비상식량인 미숫가루가 항상 담겨있었고, 어른들 못지않게 독립운동에서 자기 몫을 하는 자랑스러운 전통을 지니고 있다.

북은 그때의 경험을 통해 아이들 스스로 만드는 조직생활의 중요성을 알게 되었다고 한다. 북의 어린이들은 소년단원이 되면 이제 철부지 아이를 면하고 조국의 사회주의 건설에 한몫할 수 있게 되었다고 뿌듯해한다. 이들은 소년단 활동을 통하여 사회봉사 등과 같은 사회 활동을 시작한다.

소년단 입단식은 매우 거창하여 학교 선생님과 소년단 선배뿐만 아니라 동네 어른들도 참석한다.

한 손에 선서문을 들고 소년단 행진곡을 부르면서 입장하면 선생님과 선배들이 붉은 넥타이를 매어준다. 김일성 주석의 초상화 앞에서 "나는 조선 소년단에 입단하면서 원수님의 충직한 아들 딸로서…… 억세게 싸워나가겠습니다."라고 선서한다. 선생님이 "사회주의 건설의 후비대가 되기 위하여 항상 준비하자!"라고 외

김금순의 사진과 당시 일본 보도자료 　　　　　　만주 유격근거지에 있던 지도부와 폭격 장면

소년단의 행사

원산 송도원 국제소년단 야영소 　　　　　　소년 선봉대 입소식

치면 아이들은 "항상 준비!"라고 하며 오른 손바닥을 편 채로 머리 위로 세워 올린다. 이렇게 소년단 경례를 붙이는 것으로 입단식이 끝난다.

소년단 행진곡의 가사를 보면 입단식을 하는 아이들의 분위기를 알 수 있다.

소년단 행진곡

밝아오는 조국 땅의 노을빛으로
붉게 타는 넥타이를 펄펄 날려라.
우리들은 공화국의 나이 어린 영웅들
사회주의 건설자로 배워나간다.
소년단 동무들아 깃발을 높여라.
원수님의 뒤를 따라 힘차게 나가자.

소년단은 30~50명의 학생들이 모여 한 분단으로 조직된다. 분단위원장 밑에 조직부위원장, 사상부위원장, 위원들이 있다.

조직부위원장은 반장 같은 역할로 모임의 집합, 지각, 교복 착용, 검열 등과 위원들의 일을 점검한다. 사상부위원장은 읽기 등 선동 활동을 한다. 위원은 학습위원, 위생위원 등이며 우리나라의 주번과 비슷하다. 분단위원장은 하루 생활평가와 월례평가 등 회의만 진행하여 부위원장 역할과 부딪치지 않도록 한다.

소년단의 대표적인 활동은 '좋은 일 하기, 꼬마 계획, 가창대, 만 페이지 읽기 운동' 등 14세까지의 성장에 도움이 되는 일이다. 우수한 단원은 매년 4~10월 사이에 소년단 야영소에 입소하여 외국 청소년들과 함께하는 국제소년단 야영대회에 참가한다.

김일성-김정일주의 청년동맹

중학교 4학년(만 14세)이 된 학생들은 '김일성-김정일주의 청년동맹'에 가입하여 30세까지 활동한다. 청년들의 대중 단체인 청년동맹에서 활동하는 인원은 500만 명 정도로, 중학교 고급 과정, 직장에 설치된 청년동맹에 속하여 조직생활을 한다. 직장인들은 30세부터 청년동맹을 나와 직업총동맹에 가입한다.

우리나라도 예전에는 학생회와 청년회가 중심이 되어 민주주의를 이끌어왔다. 청년의 기상으로 활력이 넘칠 때 진취적인 나라를 만들 수 있다.

청년동맹 산하에는 '속도전 청년돌격대'가 있는데 그 뿌리는 보통강 개수 공사에 투입된 민청돌격대이다. 민청돌격대는 1975년 청년 김정일의 주도로 만들어졌는데 철길과 도로, 발전소 공사, 공장 건설 등 대형 공사에서 큰 몫을 했다. 평양-남포 구간의 청년영웅도로, 백두산 영웅청년발전소 등 '청년'이 들어간 건설 대상들은 대부분 청년돌격대의 노력으로 만들어졌다.

청년동맹 9차 대회 직후 열린 횃불 공연

결의대회

청년영웅도로(남포-평양 고속도로) 건설 장면

새로 건립한 청년운동사적관

북녘의 대학생들

대학생이 되려면

북녘에도 우리나라의 수학능력시험처럼 '대학 추천을 위한 예비시험'이 있다. 예비시험은 혁명력사, 문학, 수학, 화학, 물리, 영어를 하루에 세 과목씩 이틀에 걸쳐 시험을 친다. 중학교 졸업예정자 전원이 시험을 치며, 약 20퍼센트가 예비시험을 통과해 대학시험을 칠 자격을 얻는다.

예비시험이 끝나면 교육성(교육부)은 대학별로 본시험을 칠 수 있는 수험생 수를 배정하여 각 시군 인민위원회로 내려보낸다. 그러면 시군 인민위원회의 대학모집과는 도에서 할당받은 인원수를 바탕으로 예비시험에 통과한 학생들의 희망과 성적에 따라 대학별 시험에 응시할 수 있는 응시 자격증을 발급한다. 우리나라처럼 원하는 대학에 마음대로 응시 원서를 넣을 수 있는 것도 아니며, 학생들의 의사를 무시하고 시험 칠 대학을 배정하는 것도 아니다.

응시 자격증을 받은 수험생 수는 대학 입학 정원의 5배 정도이며, 김일성종합대학은 30대 1의 경쟁률일 때도 있다고 하니 경쟁이 어느 정도인지 알 수 있다. 예비시험을 통과한 20퍼센트의 졸업예정자 중 절반 정도가 대학별 시험에 합격한다.

중학교를 마치고 곧바로 대학에 진학하는 학생들은 전체 대학생의 30퍼센트 수준이고 나머지는 군대와 기업소를 다니다가 대학에 들어온 사회인 출신이다. 우리나라처럼 전업 재수생은 없으며 사회생활을 경험한 학생이 70퍼센트 정도이니 대학생의 평균 연령도 우리보다 훨씬 높다.

시험 문제는 교육성에서 모든 대학에 일률적으로 똑같이 내려온다. 보안 유지를 위해 입시 4~5일 전에 출제위원들을 숙식시키며 문제를 출제하고, 밤새워 시험지를 인쇄한 뒤 각 대학에 수송한다. 우리나라 수능 출제위원들이 한 달 정도 바깥 사회와 단절한 채 문제를 내는 것과 비슷하다.

시험이 끝나는 즉시 다른 대학으로 시험지를 보내 1차 채점을 마친다. 채점을 마친 답안지는 원래의 대학으로 보내 재검토한 뒤 면접시험을 치른다. 북녘이 이념을 중시하는 사회이어서 대학 면접도 장래희망이나 국가관에 관련된 질문을 할 것이라고 예상했는데 의외로 학생들의 실력을 평가하는 시험이었다.

한 대학에서 치러진 면접시험은 수험생 몇 명이 칠판에 미분

수식을 푼 후 한 명씩 나와서 각자의 논거를 설명하는 방식으로 진행된다. 한 수험생이 설명을 마치면 더 보완하여 설명할 학생이 없는지 묻기도 하고, 또 영어로 다시 설명해보라고도 한다.

시험지 맨 위에 수험번호와 이름을 쓴 부분을 묶어 부정 채점을 방지하는데 이 작업을 시험 당일 밤까지 모두 끝낸다. 비리를 없애기 위한 제도적 장치를 두는 것은 북녘에서도 입시 부정이 있기 때문일 것이다. 자식 사랑에 눈이 먼 이기적인 부모의 행각을 북녘 영화에서 본 기억이 난다.

평양연극영화대학, 김원균명칭음악종합대학, 조선체육대학, 평양외국어대학 등은 대학 간부, 직원, 교수들이 중학교에 나가 시험과 면접을 본다. 지방 학생들과 제대군인, 기업소 추천 응시생에게는 기준 점수를 낮춰서 혜택을 준다.

대학 입시에 특전을 받는 아이들

북은 혁명가 유자녀에게 공식적으로 입학 특전을 주는데 우리나라의 독립유공자 후손 혜택과 비슷하다. 그들은 성적이 좋으면 자기가 원하는 대학을 우선적으로 선택할 수 있다. 군 복무를 하다가 부상당한 사람을 '영예군인'(상이군인)이라고 부르며 국가에서 예우와 보살핌을 아끼지 않는다.

우리나라에서는 독립유공자에 대한 예우가 형편없다. 독립유공자 대부분이 최저생계비도 안 되는 수입으로 살고 있고, 학력도 낮은 편이라는 뉴스를 보고 마음이 아팠던 적이 있다. 나라를 위해 모든 것을 바친 선열의 후손이 아직도 어려움에서 헤어나지 못하는 것은 우리 모두의 부끄러움이다.

북녘에서 혁명가란 항일 무장투쟁을 하다가 목숨을 잃은 독립운동가를 말한다. 혁명가의 유자녀들에게는 만경대 유자녀 혁명학원에서 공부할 수 있는 기회가 제공된다. 이처럼 독립운동가의 유자녀를 국가가 챙겨 부모의 참뜻을 이해하고 대를 이어 국가에 헌신할 수 있도록 길을 열어준다.

또 산업 현장에서 순직한 분들, 전쟁 영웅들의 후손들도 특별히 예우하고 나라가 부모의 역할을 해주기 위해 온갖 정성을 들인다.

북녘 대학의 역사

해방된 후 북녘은 새 사회 건설을 위한 민족 간부 육성이 매우 절박했다. 일제강점기 하에서 고등교육을 받은 민족 지식인이 매우 적었고 대부분의 사람들은 문맹 상태였다.

서울은 상대적으로 좀 나은 편이었지만 북에는 전문학교 몇 개만 있었을 뿐 대학은 하나도 없었다. 건국과 함께 대학이 절실하게 필요했으나 건립 비용이 만만치 않아 대학건립기금을 마련하려는 주민운동이 시작되었다.

1946년 3월, 농민에게 무상으로 농지를 분배하자 감격한 농민들이 처음 생산된 쌀을 대학 건립에 써달라는 기부운동을 대대적으로 전개했다. 이에 힘입어 1946년 10월 1일, '김일성종합대학'이 창립되었다. 그러나 교원 확보가 쉽지 않았다. 학위가 있는 교수진도, 또 중등 정도의 교육을 받은 학생도 부족했다.

그 당시 서울에서는 미군정청이 일제 식민 대학의 잔재들을 그대로 두고 여러 단과대학을 통폐합한 국립서울대학교 설립을 발표했는데 이를 반대하여 '국대안 파동'이 일어났다. 1946~1948년까지 교수와 학생들의 격렬한 국대안 반대 투쟁으로 대학은 마비 상태였다. 이때 김일성 주석이 남쪽으로 특사를 보내 국대안 반대 교수들을 초청하였고, 60여 명의 교수가 월북하여 김일성종합대학의 부족한 교수 자리를 일부 채울 수 있었다.

대학 입학 자격을 갖춘 학생들의 부족 문제는 대학 예비과 2년 과정을 설치하여 대학 진학을 위한 준비 교육을 해줌으로써 해결했다. 김일성종합대학 설립에 실린 북녘의 간절함을 엿볼 수 있다.

북녘의 대학들

북녘에는 약 270여 개의 대학과 600여 개의 전문학교 등의 고등교육기관이 있다. 북녘의 고등교육 체제는 '민족 간부를 양성하는 교육 체계'와 경제 건설을 위한 전문 인력 양성을 목적으로 한 '일하면서 배우는 교육 체계'라는 이원적 체계로 발전해왔다.

민족 간부 양성을 전문으로 하는 고등교육기관은 김일성종합대학, 김책공업종합대학, 개성성균관종합대학을 비롯한 3개의 종합대학과 평양이과대학, 평양외국어대학, 평양의과대학 등의 단과대학, 교원 양성 사범대학과 교원대학이 있으며 고등기술 인력 양성을 위한 전문학교도 있다. 또 도마다 이공대학, 사범대학, 교원대학, 의학대학이 있어 지역 전문 인력을 양성한다.

일하다가 전문성을 높이기 위해 가는 대학으로는 공장대학, 농장대학, 어장대학, 방송대학, 임업대학, 광산금속대학, 석탄공업대학, 수산대학, 해운대학, 평양기계대학, 평양건설건재대학, 평양철도대학, 한덕수경공업대학, 장철구상업대학 등이 있다.

이런 대학에서는 학생들이 단순히 전문 실무만 배울까? 장철구상업대학은 호텔, 식당 등 서비스업 직원 중 대학에 진학할 실력이 되는 접대원들이 지망하는데 졸업 후 식당 경영자로 배치받는다. 상업 관련 실무도 배우겠지만 손님을 위해 봉사하는 법, 무대 공연 등 문화예술 일꾼으로서의 기량을 쌓고, 손님들과 대화할 때 나라의 정책과 노선을 적절하고 재치 있게 알려주는 법도 배운다.

실제 북 식당의 접대원들은 주문도 받고 식사 봉사도 하면서 공연도 하고, 손님들의 짓궂은 농담도 재치 있게 받아넘긴다. 저임금과 손님의 갑질, 강도 높은 노동으로 힘겨워하는 우리나라의 식당 종업원들을 볼 때마다 북 식당 접대원들의 모습이 떠오르곤 한다.

김일성종합대학 학생들과 김책공업종합대학 학생들

북녘의 대학생활 엿보기

북녘의 대학은 민족 간부 양성이라는 국가적인 기대와 함께 총력적인 지원을 받는 만큼 대학생활이 만만치 않다. 청소년 시절에도 소조 활동과 소년단 같은 조직생활, 농촌 활동 등으로 바쁘지만, 대학생이 되면 민족 간부가 되기 위해 훨씬 더 바쁘게 보낸다.

대학은 학급당 보통 5~10명의 학생들이 있고, 이수해야 할 과목 수는 40~50여 개라고 한다. 학기마다 약 한 달의 시험 기간이 있으며 마지막 6개월은 졸업논문 준비 기간이다. 방학은 1월에 10일 정도의 겨울방학이 전부라니 이 정도면 방학이 아예 없는 것과 다를 바 없다.

북녘 대학생에게는 학업 못지않게 중요한 과제가 있다. 대학교 2~3학년 사이에 남녀 대학생은 '대학생교도대'에서 6개월간 군사훈련을 받는다. 대학생들과 현역군인들이 합동으로 평양시 주변의 각종 포진지 활동을 벌이는 준군사조직으로, 우리 사회로 치면 일종의 동원 예비군 훈련과 비슷하다. 직통대 대학생들은 군대를 가지 않지만 이 교도대 졸업증이 없으면 졸업이 불가능하다.

이외에도 대학청년동맹 활동 등 조직 활동 일정이 꽉 짜인 편이다. 15일 동안 이루어지는 혁명전적지 답사도 의무적이다. 농촌 지원은 4월 말~7월 말까지 '모내기 전투'와 9월 말~10월 말까지 '가을걷이 전투'에 참여한다. 이 기간 동안 학교에 가지 못하니 저녁에 2~4시간씩 모여 밀린 학과 공부를 해야 한다. 교수들

대학생교도대에서 훈련받는 모습

장철구상업대학의 학생들

조리 실습 장면

농촌 활동을 나온 대학생들

도 농촌에 나와 함께 일하며 아침저녁으로 강의를 하기도 한다.

이런 기풍은 단지 부족한 농촌 일손을 해결한다는 의미만은 아니다. 낮에는 전투하면서 밤에는 모닥불 가에서 공부하던 일제강점기 만주 항일빨치산의 유격대식 전통을 이어받는 것이라고 한다. 노동과 공부를 일치시켜 삶과 결합한 지식인으로 키우려는 정책이다.

북녘은 대학 교수도 매주 한 번씩 금요노동을 나간다. 대학 내 공사는 교수들이 직접 한다. 나는 2005년에 김일성종합대학 생명공학부에 항생제 제작 공장 시설 건설을 지원한 적이 있었는데, 대학 교수들이 직접 철판을 자르고 용접하는 것을 보았다. 함께 갔던 우리나라 기술자들은 런닝 바람에 땀을 뻘뻘 흘리며 일하던 분들이 김일성종합대학의 교수라는 사실에 충격을 받았다.

노동을 존중하고, 노동하는 삶의 현장에 다가가려는 기풍도 우리나라에는 없는 북 지식인 문화의 특징인 것 같다.

2장.
북녘 인민들 삶의
이모저모

북녘 사람들의 경제 활동

개인 생활은 임금으로, 인민 생활은 집단의 책임으로

북녘 사람들은 먹고사는 문제를 어떻게 해결할까? 그들도 우리처럼 직장에서 일하고 월급을 받는다. 그러나 남과 북은 자본주의와 사회주의라는 본질적인 차이가 있다.

우리는 근로자들이 회사와 근로계약을 맺고 노동의 대가를 '월급'으로 받는다. 이때 월급은 정확하게 임금, 즉 임노동에 대한 대가이다. 노동자는 월급으로 의식주와 교육, 의료, 문화 등 모든 생활을 해결한다.

북녘 기업소*에서 받는 '생활비'는 임노동의 대가로 받는 임금과는 개념이 다르다. 기업소의 주인이 노동자이므로 근로계

---

* 북에서는 회사를 기업소라고 한다.

약을 맺을 대상이 없다. 임노동의 대가로 돈을 받는 것이 아니라 함께 노동하여 생산한 가치를 분배받는다. 돈을 받는 것은 같지만 우리와 개념이 다른 생활비이다. 이는 단순한 용어의 차이가 아니다.

사회주의 노동자는 기업 운영에도 주인으로 참여하고, 전적으로 책임진다. 생산된 물량 중 국가로부터 할당받은 부분을 국가에 납품하고 나머지 부분의 생산과 판매, 이익에 대해서는 기업소별로 알아서 계획하고 생산 판매한다. 기업소는 국가 혹은 인민위원회와 함께 무상교육, 무상의료, 무상주택과 식량을 비롯한 최소한의 기본 생활용품 배급 등을 해결하고 이 배급으로 해결할 수 없는 소비를 위하여 생활비를 분배한다.

평양에서 온 탈북자 김련희 씨의 말에 의하면 북녘에서는 매년 12월 말 모든 가구가 '공급카드'를 받는다. 공급카드에는 각 가정의 식구 수에 따라 식료품, 생필품, 기호품 17종을 공급받는 표가 들어있는데 간장·된장·기름·계란·메추리알·생선·고기 등의 식료품과 세면도구·옷 같은 생필품, 술·담배·맥주 등의 기호품까지 있다. 자녀가 17세가 넘으면 자녀 앞으로도 맥주표가 나온다고 한다.

북녘에서는 고난의 행군 시절 국가의 배급이 끊어짐에 따라 일시적으로 중단되었지만 사회주의 기본 배급망은 아직도 지켜지고 있다. 이 공급카드는 기업소에서 무료로 배급받거나 지역별 국영상점에서 거의 무료와 다름없이 저렴하게 살 수 있는 구매권이다.

생활비는 아직 공급되지 않는 식료품(이를테면 제철이 아닌 시설 작물, 과일)을 사기 위해 혹은 외식 등 색다른 소비를 위해서 필요하다. 그러므로 생활비는 의식주와 사회생활을 해결하는 비용이라기보다 배급으로 부족한 생활용품과 문화생활을 하는 데 쓰는 비용이다. 최근 몇 년 간 '기업별 책임관리제'를 시행하면서 실적에 따라 생활비도 수십 배가 인상되었다.

국영상점과 시장의 차이

결혼식 같은 행사를 하거나 공급되지 않는 생활용품 등 아직 국가적으로 고르게 수급할 수 있는 범위를 넘는 물건을 사려면 시장으로 가야 한다.

상인이 매대를 차려놓고 장사하는 종합시장은 물건 값이 국영상점보다 수십 배 비싸다. 우리나라 언론에는 북녘 시장의 쌀값이 너무 비싸 일반 주민들이 사 먹을 수 없다는 기사가 실리곤 한다. 이는 생계에 필요한 쌀은 정부로부터 기본 배급받으므로 시장에 나온 쌀은 행사 때 쓰는 '특수 용도'라는 것을 모르고 쓰는 기사이다.

즉 시장은 사회주의 배급망이나 국영상점에 없거나 부족한 물건을 파는 곳이다. 또 자기 텃밭에서 가꾼 것을 들고 나와서 파는

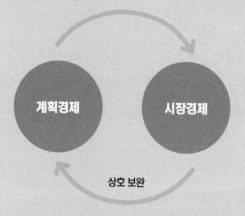

북의 계획경제와 시장경제

계획경제 ⟷ 시장경제

상호 보완

계획경제와 시장경제	외화에 대한 국가의 통제방식
국영상점 쌀 1kg 협정가 500원	**공식 환율** 106원=1달러
종합시장 쌀 1kg에 4,000원	**시장 환율** 8,000원=1달러

북의 시장과 배급의 관계
• 북의 화폐 단위 : 원 (북 '원' : 남 '원' = 1 : 1.35)
• 우리보다 일상용품의 가격이 싼 편이며, 북에 갈 때는 달러로 환전해서 가야 한다.
• 공식 환율과 시장 환율이 다른 것을 암달러 시장이라고 볼 수 없다. 북 경제가 어려웠던 시절에 무역으로 돈을 번 사람들의 달러를 국가가 회수하기 위해 주민들이 소유한 달러를 국가가 비싼 돈을 주고 구입하는 방식이다.

사람들도 있다. 육류나 어류 등의 축산물은 기본 배급으로 충분할 수 없으므로 기업소별 자체 축산기지(돼지농장 등)와 수산기지(양어장 등)를 꾸려서 기업소 식구들의 식생활 수준을 높이는 추세이다.

이런 기업소의 후방사업으로 만들어진 식료품은 시장에 나갈 리 없다. 기업소에서 운영하는 상점이나 배급망을 통해서 배급되는 것이 당연하다. 이처럼 북의 국영상점, 종합시장, 배급 체계의 관계는 모든 것을 상인들을 통하여 거래하는 자본주의 사회와는 많이 다르므로 이해하기가 어렵다.

또 국영상점이라고 모든 상품의 가격이 아주 저렴한 것은 아니다. 생활필수품 이외에 고급 수입품의 가격은 아주 비싸다. 이런 물품은 주로 북녘에서 보따리 무역을 하며 돈을 모은 부자들, 일제강점기 해외에서 돈을 벌며 살다가 귀국한 동포 등 구매력 있는 사람들의 소비생활을 위한 것이며 다른 한편으로는 그 사람들이 보유한 외화를 국가가 흡수하는 역할을 한다.

최근에 이윤을 많이 낸 기업소에서 일한 노동자들은 생활비를 많이 받아 소비가 평균보다 높아지기도 한다. 뉴스에서 '북녘에서 프랑스의 고급 와인을 대량 구입한다.'는 기사를 내보내며 '북 최고지도자가 와인광이라는 반증'이라고 설명하는 것을 본 적이 있다. 이는 말도 안 되는 궤변이다. 북녘이 와인을 수입하는 이유는 국영상점에서 구매력이 있는 주민들을 위한 기호품이기 때문이다.

돈을 번 사람들이 더 나은 소비생활을 즐기는 것은 자연스러운 일이며 북녘 정부로서도 이들의 소비생활을 충족시켜 열심히 일할 동기를 부여하며 개인이 소지하고 있는 외화를 정부가 사들이면 좋지 않은가?

평양에 최근에 생긴 대형 슈퍼마켓 '광복지구중심'은 북녘 화폐만을 사용하는 상점으로 시장보다 훨씬 싸고 신선한 식료품을 비롯한 생활용품을 고루 갖추고 있다.[*]

또 몇 년 전부터 국영체인점 '황금벌'이라는 상점이 생겼는데, 이곳은 주문배달 서비스와 식료품 이동판매 서비스 외에도 앞으로 건식세탁(드라이클리닝)과 기차표 예약 서비스까지 대행한다.

사회주의에서 관료화가 심각하여 빵 한 개를 사려고 해도 두 시간 줄을 서서 기다려야 했다던 옛날 소련 상점들을 돌이켜 비교해보면 지금 북녘의 국영상점은 인민들의 생활에 좀 더 친근하게 다가가기 위해 서비스 개선에 노력한다. '인민 대중 제일주의'를 내세우며 국영상점이 일반 시장보다도 오히려 인민에게 더 잘 복무할 수 있다는 가능성을 보여주는 사례이다.

지난 이명박 정권이나 박근혜 대통령 시절, 국영기업의 적자 경영은 공무원들의 안일하고 관료적인 경영 방식으로는 해결할 수 없으므로 전문 기업가에게 매각하여 민영화해야 한다는 주장을 귀가 아프도록 들어왔다. 이 정책의 숨은 의도는 재벌과 결탁하

---

[*] 신은미, 《우리가 아는 북한은 없다》, 2019년 4월, 도서출판 말

북녘의 제일 큰 국영상점 광복지구중심

여 알짜배기 공기업을 헐값에 넘기려는 의도였지만 단점에도 불구하고 일반 국민들이 동의했던 것은 공무원들의 무사안일주의로 공기업이 망할지도 모른다는 우려 때문이었다.

그런 점에서 북녘 국영상점의 서비스 개선과 혁신은 공기업과 사기업에 관한 기존의 상식을 다시 한 번 생각하게 만드는 계기가 된다.

인민생활을 책임지는 후방사업

북에는 국가로부터 배급을 받거나 소비품을 구입하는 것 외에 먹고 사는 문제를 해결하는 독특한 방식이 있다. 바로 '후방사업'

이라고 하는 것인데, 이는 기업소에서 공장 노동자와 가족들의 생활 문제를 함께 해결하기 위해 농장, 양어장, 축산농장, 살림집 건설, 상점 등을 직접 운영하는 방식이다. 이 후방사업은 기업소 지배인의 지휘를 받으며 공장 종업원들의 노동으로 이루어진다.

북녘은 왜 기업소별 후방사업을 장려할까? 만약 자본주의라면 기업형 대농장이나 축산업을 발전시키고 시장에서 팔 것이다. 이에 반해 사회주의 북은 정부에서 직접 전략적으로 대규모 농장을 건설하므로 국가 주도로 인민들의 식생활 향상을 이끌어간다.

2019년 함경북도 증평에 세워진 대단위 현대식 남새(야채) 농장은 함경북도 사람들의 먹거리를 위한 단지이지만 이 역시 지역 구석구석 보급되는 데 제한성이 있다. 그래서 각 기업소별로 후방사업을 통하여 국가의 부담을 줄이고, 자립적으로 더 신속하게 육류, 생선류, 채소를 생산하고 보급한다.

대규모 토목공사는 청년돌격대나 군인들이 공사에 참여한다. 또 대학 등 교육기관별로도 농장을 직영하며 교회 등 사람이 사는 모든 곳에서 시행되어 의식주를 자체적으로 해결하고자 한다. 군대도 인민무력부 산하 후방총국에서 후방사업을 전체적으로 총괄한다.

사진은 후방사업으로 운영되고 있는 온실, 돼지축사, 남새밭 사진이다. 후방사업은 대체로 환경 문제 등을 생각하여 '유기농 고리형 순환 체계'로 축사, 남새거름, 취사용 연료, LED 전구 등이 연관되게 설계되었다고 한다.

2019년 겨울에 완공된 함경북도 증평 남새 생산단지

강원도 문천시 문평제련소의 후방사업인 양어장과 축사

평양 대성구역 수지 경판 온실

최근 북의 쌀 생산량이 크게 오르고 있는데 더 많은 쌀을 생산하기 위해서는 농토의 지력을 높여야 한다. 그로 인해 유기농법을 더 많이 도입하고 있으며 축사와 양어장은 더 중요해지고 있다.

유기농 고리형 순환생산 체계와 비슷한 순환농법

우리나라 농촌에서도 유기농 고리형 순환생산 체계와 비슷한 순환농법이 시도되는 곳들이 있다. 지역에서 병원, 식당, 아파트의 음식물 쓰레기를 수거해서 돼지 사료로 먹인 다음 그 배설물과 버섯 재배 장작의 톱밥을 섞어 거름을 만든다. 화학비료가 아닌 거름으로 야채를 키워 고품질 식재료로 만드는 공정이다.

지방자치단체에서는 음식물 쓰레기를 없애는 비용이 만만치 않아 이 순환농법에 인건비를 지원하여 음식물 쓰레기 문제를 해결했다. 이렇게 키운 야채는 신선함도 오래 유지되고 돼지고기 맛도 월등하게 좋다.

그런데 이 순환농법이 장벽에 부딪혔다. 음식물 쓰레기에서 발생하는 메탄가스로 신재생 에너지를 만들어 쓰는 기술이 도입되면서 순환농법에 대한 지원도 시들해졌고, 돼지 축사의 냄새 문제로 민원이 발생하자 순환농법 생산업체들이 버티지 못하고 폐업하는 추세이다.

반면 북녘에서는 국가적 연구와 지원으로 단백풀, 애국풀처럼 번식력도 좋고 영양 만점인 풀들을 개발하여 사료 문제를 대폭 해결했다. 또 돼지분뇨를 메탄가스로 재활용하는 것도 국가적 연구의 도움을 받아 상용화할 수 있었다.

우리 농민들은 지역 주민들의 반대로 돼지 키우기가 점점 더어려워진다고 하는데 시장에 팔기 위한 돼지고기가 아니라 북녘처럼 지역 주민들의 식탁으로 올라가는 돼지라면 냄새에 대한 거부감도 훨씬 더 줄어들지 않을까?

10년간 군 복무를 하는
북녘 청년들

북녘의 군대 제도

북녘 군대는 우리나라처럼 일정 나이가 되면 의무적으로 가는 징병제일까? 아니면 본인이 지원해서 가는 모병제일까? 이에 대해서는 자료마다 다르고 사람에 따라 해석하는 것도 다르다.

북은 2003년 3월, 최고인민회의 제10기 제6차 회의에서 '전민 군사복무법'을 제정하고 시행에 들어갔다. 군 복무 기간은 남성의 경우 13년에서 10년으로, 여성의 경우 10년에서 7년으로 각각 3년씩 단축되었다. 이를 두고 일부에서는 모병제에 가까운 '초모제招募製'를 중지하고 징병제로 전환했다는데 이는 정확한 해석이 아니다.

초모제는 무슨 뜻일까? 통일교육원에 따르면 북녘의 남자는 만 14세가 되면 초모 대상자로 등록해야 하고 이를 토대로 각 지역의 군사동원부가 입대 여부를 결정한다. '초모'라는 말은 조선 시대 병조에서 군병을 모집할 때 사용했던 말로, 북은 '군대에 지망하는 사람을 모집하여 뽑는 것'이라고 설명한다.

초모 대상자로 등록한 자는 만 15세에 두 차례 신체검사를 하고 중학교를 졸업하는 해에 사단 또는 군단에 현지 입대한다. 초모제를 중단하고 '전민군사복무법'으로 전환했다고 하는데 이를 징병제로 해석하는 것은 무리가 있다.

만일 징병제라면 누구나 군대에 가야 할 터인데 북에는 군대에 가지 않는 사람이 많다. 일단 중학교를 졸업한 후 대학에 진학한 사람은 군대에 가지 않는다. 전문학교 진학자는 졸업 후 모집 대상으로 검토되고 직장에 취업한 지 3년이 넘으면 모집 대상에서 제외된다. 신체검사 불합격자, 적대계층 자녀, 과학기술산업 관련자, 예술교육 종사자, 특수 영재학교 학생, 부모가 고령인 독자 등은 처음부터 제외된다. 남자는 10년간(대략 17~27세까지) 복무하며, 군대에 자원한 여성은 7년간 복무한다.

여성 군인의 경우 수송·행정·위생·통신·초병 등을 담당하며 해안포·고사총·소형 고사포대 등에 복무하는데 여군의 비율이 10퍼센트 정도인 것을 보면 여성 입대도 강제사항이 아니며 군 복무 연한도 2~3년 제대 혹은 10년 넘게 군대에 남기도 한다.

북녘의 중학생들은 졸업하기 직전에 사회 진출 희망사항을 적어서 제출하는데 그때 입대를 희망하는 학생들이 우선 모집 대상이 된다. 만일 군인의 수요가 부족하면 전문학교 졸업자나 직장인, 입대 청원자 중에서 인원을 충당한다.

북에서는 당 간부의 자녀일수록 군 복무가 필수사항이라고 한다. 반면 아무리 본인이 희망해도 부모가 군 복무를 반대하면 입대할 수 없다고 하니 그것도 우리와 다르다.

그러므로 '전민군사복무법'이란 모든 주민이 군사적 복무를 해야 한다는 의미에서 징집제보다는 모병제에 가까운 편이다.

군 입대를 자원하는 분위기

북녘 사람들에게 군대는 선망받는 특수한 직장에 가깝다. 학교에서도 조선을 위하여 배우고, 직장에서도 조선을 위하여 일하는데, 군대도 조선을 위하여 복무한다는 개념이므로 직장과 군대를 비슷하게 여긴다.

우리나라처럼 직장은 자신의 생계와 생활의 안정을 위한 곳, 군대는 월급도 없이 희생하는 곳이라는 이분법적 사고는 북에서는 적절하지 않다. 북에서 군대는 가장 선망받는 직장이며, 군인은 가장 선망받는 직업이다. 물론 다른 직장과 똑같이 생활비를 받는다.

북에서 군대가 주민들에게 선망받는 데는 근본적인 이유가 있다. 북은 인민군의 뿌리를 일제강점기인 1932년 4월 25일, 만주에서 시작된 반일인민유격대로 본다. 북은 반일인민유격대를 창

건한 후 항일 무장투쟁을 하며 소련, 중국과 국제연합군의 일원이
되어 조선의 독립을 이루었다는 자긍심이 강하다.

그런 전통을 가진 북녘의 군대는 지금도 나라의 자주권을 수호
하기 위해 전선에 선 인민의 무장력이라고 본다. '군의 역사는 혁
명의 역사'라고 보는 셈이다. 이는 북녘이 군대에 대해 자부심이
크고 초모제만으로 병력 충원이 되는 이유이다.

북녘 군대의 역할

북녘의 군인들은 경제 건설에서도 큰 역할을 한다. 인민들이 험
한 일을 하는 모든 곳에서 앞장서는 풍경을 흔히 볼 수 있다. 공사
장에서도 힘든 공정을 맡아서 하고, 농번기에는 농사일을 돕는다.

북이 경제적으로 어려웠던 1990년대 중반 이후 '선군정치'를
주장했는데 그것은 군대를 앞세워 자주 국방만 고취하는 것이 아
니라 군대가 앞장서서 경제 건설과 인민생활의 고충 해결에도 나
서는 정책이다.

북녘의 인민들이 집에 사고가 나거나 급한 일이 생길 때 가장
먼저 찾는 것도 군대이고, 수도꼭지가 고장 나도 군대로 연락한
다니 군대에 대한 신뢰가 정말 높은 편인 것 같다.

북에서는 군대가 신망받는 직업이지만 단점이 있다면 10년이
나 복무를 한다는 점이다. 국가를 위해 청춘을 바친 제대군인들

건설 현장에서 복무하는 인민 군대

에게 배려가 있는 것은 당연하다.

제대군인들은 북에서 사회적으로 존경받는 사람들만 가입한다는 '조선로동당'에 입당 추천을 받기도 쉽다. 또 대학 입학시험을 치를 수 있는 자격을 추천받기도 하는데 제대 후 대학생이 되는 군인은 1개 사단에 10명 내외라고 한다. 대학에 입학하지 않더라도 출신 지역 군사동원부에 이첩되어 직장에 배치되는데 규정에는 제대군인의 적성과 전문 기술 그리고 희망 직종을 고려하여 1차 고향 지역에 있는 직장, 2차 고향 근접 지역에 있는 직장, 3차 타 도시 직장으로 배치된다.

북녘 청년들의 성인식

직업 선택의 자유는 노동권 보장

요즘 우리나라 청년들의 가장 큰 걱정거리는 취업이다. 대기업의 정규직 채용은 나날이 줄고, 비정규직으로나마 입사하면 무척 운이 좋은 편이다.

북녘 청년들은 취업 걱정이 없다. 국가에서 졸업생의 직장을 배치해주기 때문이다. 이 '배치'라는 말은 직업 선택의 자유가 없는 강제 노동처럼 들리기도 한다. 과연 그럴까?

북도 직업 선택의 자유를 보장한다. 사회주의 헌법 제70조를 보면 "공민은 노동에 대한 권리를 가진다. 노동능력 있는 모든 공민은 희망과 재능에 따라 직업을 선택하며 안정된 일자리와 노동 조건을 보장받는다. 공민은 능력에 따라 일하며 노동의 양과 질에 따라 분배를 받는다."라고 규정하고 있다.

배치라는 말과 직업 선택의 자유라는 말은 서로 모순될까?

대학에 진학하지 않은 중학교 졸업자는 거주지 시군 인민위원회 노동과에서 직장을 배치받는다. 이때 본인의 희망 없이 배치가 이루어지는 것은 아니라 최대한 원하는 직종에서 일할 수 있다.

졸업자가 이력서, 자기소개서, 신원진술서, 취직희망서(세 군데 정도), 신원보증서를 작성해서 학교에 제출하면 학교장이 평정서를 작성하여 졸업하기 약 3개월 전에 시군 인민위원회 노동과에 제출하고 이 문건을 심사하여 직장을 배치한다.

대학교 졸업자의 경우는 조선로동당 중앙위원회 간부부의 조정을 받아 대학에서 직장을 배치받는다. 졸업하기 6개월 전부터 대학생들은 직장 배치에 필요한 서류 심사를 받은 뒤 총장 및 청년동맹 비서와 개별 면담을 한다. 이어 중앙당, 내각, 시군 인민위원회 등이 이들을 각각 최종 심사한 후 그 결과에 따라 직장을 배치하는데 대학 졸업식장에서 결과를 발표하고 배치증을 준다.

우리나라에서는 개인이 회사에 원서를 내고 면접을 본다면 북은 '조선을 위하여 배운' 일꾼들이 국가에서 준 임무를 수행하기 위해 직장에 배치된다는 개념이다. 개인의 희망과 능력, 해당 분야의 국가적 노동 수요를 고려하여 직장을 결정하는 체계이다. 배치받은 직장이 마음에 들지 않으면 재배치를 요구할 수 있다.

또 직장에 다니다가 다른 곳으로 스카우트되기도 한다. 직장에 적만 두고 실제로는 개인 무역업을 하는 사람들도 있다. 직장을 아예 그만둘 수도 있다. 그 경우 사회보장을 제대로 받지 못하지만 중국과의 보따리 무역이 더 낫다고 생각하는 사람은 과감하게 개인 무역에 나서기도 한다.

기혼 여성들은 취업하지 않아도 된다. 전업주부를 북에서는 '가두 여성'이라고 하는데 출산과 육아 등의 이유로 직장을 갖지 않는 여성들도 많다. 이들 전업주부도 세대주(남편)의 직장을 통해 하루 300그램의 쌀을 배급받는다. 가장의 벌이만으로는 풍족한 생활이 어려워 부업을 원하는 여성들은 인민위원회의 허락을 받아 종합시장에서 장사할 수 있다.

취업한다는 것은 사회적인 일이다. 자기가 원한다고 아무 데나 취직할 수 있는 곳은 지구상에 없다. 개인주의에 기반한 자본주의 사회에서는 개별 회사가 취업 희망생의 취업 여부를 결정하지만, 집단주의에 기반한 사회주의 사회에서는 국가가 공민의 취업을 보장해주고 본인의 의사와 사회적 수급 능력에 따라 취업이 결정된다. 누가 취업 결정권을 쥐고 있느냐의 차이가 있을 뿐 양 체제 모두 직업 선택의 자유를 보장해준다.

북녘 연인들의 결혼관

청춘의 자유로운 연애를 누가 막을 수 있을까? 북녘은 소학교 5년, 중학교 6년 동안 학년이 올라가도 담임이 바뀌지 않고, 남학생과 여학생이 함께 공부하므로 이들은 가족처럼 친하다. 소조 활동을 통해 악기 한 가지씩 다룰 줄 아는 사람들이 많으므로 친구들끼리 학습 모임을 하다가도 야외에 나가 기타 치며 노래하는 모습도 자주 볼 수 있다.

대학 시절에는 학업과 빡빡한 노동 참여로 인해 자유 시간이 중학 시절에 비해 많지는 않다. 10년의 군 복무도 자유로운 연애의 큰 걸림돌이 될 것 같다.

국경일에는 큰 광장에 젊은이들이 몇백 명씩 모여 포크댄스를 추며 노는데 북은 이 축제를 '야회'라고 부른다. 북녘의 청춘 남녀들은 평상시에 춤을 배웠다가 야회에서 춤을 추면서 짝을 만나기도 한다.

청춘 간의 만남과 교제는 그 누구도 말릴 수 없지만 북의 사회적 분위기가 눈에 띄는 장소에서 스킨십을 하는 분위기는 아니다. 그러나 최근 김정은 위원장이 부인 리설주 여사와 손을 잡고 대중 앞에 나타난 뒤로 북녘 사회의 연애 분위기도 더 개방적으로 된 것 같다.

성性에 대한 개념도 예상보다 훨씬 자유롭다. 소학교 졸업반이면 학교에서 성교육을 한다. 성에 대한 호기심으로 학생들이 사고를 칠까 봐 교사들이 노심초사하기도 한다. 러브모텔이 없는 대신 연인들이 맞벌이하는 친구 집을 낮 동안 빌리기도 한다는데 애정 행위를 위해 집을 빌려줄 정도면 북에서도 이런 일들이 그리 낯설지 않은 것 같다.

이런저런 방법으로 피임을 하겠지만 미혼모가 되는 경우도 당연히 발생한다. 주변의 곱지 않은 시선 때문에 아이를 친척 집이나 애육원(우리나라의 보육원)에 맡기고 다른 지방으로 직장까지 옮기기도 한다는데 실제 미혼모라고 사회적으로 차별을 받거나 불공정한 대우를 받는 일은 없다.

북녘 사람들은 처음부터 눈이 맞아 연애하는 경우도 있지만 소개로 만난 경우도 많다. 연애하다가 헤어지기도 하고 연이 닿으면 결혼도 한다. 그리고 이혼도 비교적 자유롭게 이루어진다.

결혼식은 전문 예식장에서 하는 우리와는 달리 북녘에서는 신부의 집에서 하거나 동네 회관에서 치르는 경우가 많은데 요즘 평양에서는 유명 식당에서 결혼식을 하는 경우도 많아졌다.

평양에 갔을 때 한복에 화관과 면사포를 쓴 신부와 양복을 입은 신랑이 만수대에서 김일성 주석의 동상을 향해 인사하는 장면을 자주 보았는데 이는 흔한 결혼식 풍경이라고 한다.

결혼 후 신혼여행을 가는 사람들도 있고, 처가에서 며칠 밤을 보내는 사람도 있다. 신혼여행을 가는 사람보다 결혼 휴가 동안 신혼 가정을 꾸리기 위해 필요한 일을 처리하는 경우가 많다. 신혼여행을 가더라도 개인적인 여행보다는 휴양권을 받아 모든 비용을 무료로 즐길 수 있는 단체여행을 선호한다. 아직 경제적으로 어려운 탓인지 해외여행이 아닌 바에야 굳이 결혼과 동시에 신혼여행을 갈 필요를 못 느끼는 듯하다.

명절날 무도회

북녘 사람들의 삶과 꿈

집에 대한 단상

집은 사람들에게 어떤 의미일까? 사람들은 삶이 고달플수록 저녁에 들어가 쉴 수 있는 나만의 공간을 갖고 싶어 한다. 사랑하는 가족과 편안하게 밥상을 마주하며 도란도란 이야기를 나눌 수 있는 내 집 마련은 모든 사람의 소박한 꿈이다.

그런데 우리나라에서는 이러한 집의 의미가 변했다. 집이 쉬는 곳이 아니라 사고파는 투기의 대상이 되었기 때문이다. 근검절약하며 열심히 돈을 모아도 내 집을 장만할 수 있다는 꿈은 점점 멀어진다. 주택의 수가 1가구 1주택을 넘는다는데 집이 없는 서민들은 화려한 대단지 아파트의 불빛을 보면서 내가 들어갈 공간은 없다는 소외감이 절로 생긴다.

반면 부자들에게 집은 투기의 대상을 넘어 자기들만의 폐쇄적

인 성이 되어 사회적 지위와 튼튼한 사회적 관계를 과시하는 수
단이 된 지 오래다.

몇 년 동안 공무원 시험 준비를 하는 한 청년이 월세를 감당
할 수 없어서 버려진 컨테이너 칸에서 산다는 보도에 얼마나 우
울해지던지. 집이 사는住 곳이 아닌 사는賣買 대상이 되어버린 결
과이다.

어쩌다 산다는 것이 일하며 꿈꾸며 행복을 추구하는 것이 아니
라 고달프게 살아내는 일이 되어버렸을까?

북의 무상주택 정책과 거주 이전의 자유

북에서 주택은 사거나 팔 수 있는 거래의 대상이 아니다. 주택
은 국가에서 무료로 주기 때문이다.

나는 처음 북에서 주택을 무상으로 받는다고 했을 때 좀 의아
했다. 북의 무상교육 정책은 나라를 위하여 아이들을 잘 교육하
는 것이 중요한 일이기에 수긍이 되었다. 또한 의료 정책에 있어
서도 '돈'이 개입되지 않는 치료라면 의사와 환자 사이에 신뢰가
형성되니 좋은 정책이라고 생각했다.

그러나 '내 집 마련' 문제는 좀 다르지 않나? 그것은 지극히 개
인적인 문제이며 국가적 공익과는 무관한데 어째서 국가가 엄청
난 거금이 드는 집까지 준다는 말인가? 국가를 운영하려면 큰 비

용이 들 텐데 세금을 받지 않으면서 집까지 무상으로 지어주려면 그 돈을 어떻게 감당하나 걱정도 되었다.

그런데 곰곰이 따져보니 사회주의 북에서 토지와 주택을 사유화하면 전체 사회주의 경제를 유지할 수 없다는 생각이 들었다.

사회주의 국가에서도 부자가 있기 마련인데 부동산을 거래 대상으로 여기는 순간 결국 투기의 대상으로 발전할 수밖에 없다. 그것은 집단주의를 토대로 경제를 발전시키려는 사회주의 경제의 기본 규칙을 파괴하고, 부를 가진 몇몇 개인을 특권계층으로 만들 수 있는 계기가 된다. 그러므로 북에서 주택은 사고파는 대상이 될 수 없다.

그러면 무상주택을 배정하는 방식은 공평할까? 국가가 살림집을 짓고 추첨을 통해 입주권이 나올까? 국가에서 새 아파트를 지으면 지역 인민위원회에서 입주 대상자를 선별한다. 그 지역에 직장이 있고, 아파트를 신축하기 전부터 살던 주민들 그리고 가족이 많고, 사회에 공로가 크고 적음 등을 고려하여 신형 아파트의 입주권을 준다. 합리적인 제도인 듯하다.

그런데 개인이 아파트를 살 수 없고, 입주권을 나라에서 준다는 사실 때문에 북에는 '거주 이전의 자유가 없다'고 생각한다.

그러면 우리나라에서는 거주 이전의 자유를 100퍼센트 보장하고 있는가? 아니다! 자녀 교육 때문에 강남에서 살고 싶어도 강남의 비싼 집세를 마련할 수 없어서 엄두도 내지 못하는 사람이 많다. 시골에 가서 살고 싶어도 그러지 못하는 나름의 이유가 있다. 우리나라에서 거주 이전의 자유는 전적으로 '돈이 있고 없고'에 따라 결정된다.

북의 사회주의 헌법 75조를 보면 모든 공민은 거주·여행의 자유를 보장하고 있다. 이 지구상에 거주 이전, 직업 선택, 여행 등 모든 자유권을 완전 마음대로 구가할 수 있는 나라는 존재하지 않는다. 한정된 재화를 평등하고 공정하게 나누어 쓰는 방법과 철학의 문제일 뿐이다.

북녘 사람들의 내 집 마련의 꿈

북에서는 국가 혹은 직장에서 살림집을 마련해주므로 월세도 낼 필요가 없고 전기 사용료, 물 사용료 정도를 내면 된다. 북녘 도시의 최신형 아파트 내부는 우리나라의 유명 아파트와 별로 다르지 않다. 침대 이불 색깔이 자본주의적 미감에 맞지 않고, 백색 가전이 없는 것만 빼면 남인지 북인지 헷갈릴 정도이다.

새로 건축되는 농촌 지역 살림집에는 지붕에 태양광이 달려있고, 마당에는 집집마다 예쁜 텃밭이 붙어있다. 백두산 삼지연에 있는 신축 살림집의 부엌 사진을 보니 세간살이들이 모두 갖추어져 있다. 전기밥솥, 냉장고, 프라이팬, 냄비, 그릇과 집기까지. 침실에도 침대와 가구는 물론 이불까지 마련되어있다. 거실도 마찬가지였다.

최근 지은 북 살림집(아파트)의 내부

북 살림집 주방과 거실의 모습

갑자기 소꿉놀이하던 어린 시절이 생각난다. 이런 아기자기한 소품들까지 갖추어져 있다니! 이런 집에는 옷 몇 벌만 들고 들어오면 된다고 하던데 나도 노트북과 간단한 가방만 챙겨서 가벼운 마음으로 이사 가고 싶다.

최근 평양에 대규모 아파트가 건설되면서 북의 만성적 주택 부족 사태를 어느 정도 해소하는 것 같다. 그러면 북은 비싼 아파트 건설 비용을 어떻게 감당할까? 북녘이 인민들에게 주택을 무상으로 준다고 하면 잘 믿지 않는 이유는 그 비싼 아파트를 어떻게 공짜로 줄 수 있냐는 의문 때문이다. 이는 아파트 건설 비용을 우리 식으로 계산하기 때문에 생기는 오해이다.

우선 북에서는 모든 토지가 나라 소유이다 보니 땅값이 들지 않는다. 또 아파트를 지어 이윤을 남겨야 하는 회사가 없으니 주택 건설 비용에 건설회사의 이윤이 포함되지 않는다. 공사 건설 인건비도 들지 않는다. 기업소 노동자들과 군인들이 공사를 맡기 때문이다. 노동자들은 자신들이 살 집이니 당연히 즐거운 마음으로 공사에 참여할 테고, 군인들 또한 공짜로 인건비를 혹사당하는 것이 아니라 우리 집을 함께 짓는 것이며 '군인들은 인민을 위해 복무한다'는 북 인민군의 상무정신에 따른 애국적 행위로 생각한다.

그리고 나머지 자재 비용은 국가와 기업소의 예산으로 마련한다. 설계도와 기술적인 문제는 국가적인 지도와 도움으로 해결한다. 고급 기술 문제를 공적으로 관리하고 사유화하지 않는 것이 자본주의와 다른 사회주의의 특징임을 이해한다면 북녘의 화려한 아파트를 특정 건설회사가 아니라 노동자와 군인의 힘으로 어떻게 짓는지 이해할 수 있다.

최근 대규모 아파트 건설이 대대적으로 이루어지면서 북녘 부자들의 자금 후원을 받기도 한다. 이를 우리나라 언론에서는 자본가가 되기 이전 단계인 '전주錢主들의 투자'라고 하는데 이는 사실과 다르다.

북은 주택 매매와 분양을 허용하지 않으므로 이는 투자가 아니라 아파트 건설 비용을 순수하게 후원하는 것이고, 그 대가로 입주권을 받는 정도라고 보는 것이 타당하다.

평양의 아파트 한 채 값이 엄청나다는 기사를 보았다. 이는 아파트에서 살아야 할 무상 입주자들이 지불해야 하는 아파트 가격이 아니라 입주권을 얻고자 하는 북의 부자들이 내는 후원금의 액수를 두고 하는 말이다.

북이 사회주의라지만 보따리 무역을 하거나 일본에서 살다가 귀국한 사람들은 재산이 있다. 그러나 아무리 재산이 많아도 북에서는 자본화할 수 없으므로 이들의 재산은 국가나 단체의 사업을 후원하고 자기의 생활을 풍요롭게 하는 정도로 활용한다.

일본에서 귀국한 부부가 북녘의 한 식당에 갔다. 우리나라 사람들도 많이 가는 민족식당인데, 그 식당의 주인은 일본에서 살던 할머니이다. 이 식당을 찾는 손님들은 대부분 북 민족화해협의회 같은 남쪽 방문객을 안내하는 사람들의 소개로 오신 분들이다. 그 식당의 접대원이나 요리사들은 모두 북쪽에서 관련 전문 학교를 졸업했다.

이 식당처럼 예외적 경우에 북녘은 개인 상점을 허락해주고, 또 장사가 잘 되도록 배려하고 지원해주기도 한다. 그러나 아마도 이 이상의 자본 투자에 대해서는 아직 몇몇 경제특구 이상으로 확대하지는 않는 것 같다.

북녘에서의 여행의 자유

북녘에는 여행의 자유가 없다고 생각하는 사람들이 많다. 국경 과의 접경 지역이나 군사분계선 주변 지역, 군사기지, 군수산업지 구, 국가보안 관련 지역은 여행이 제한된다. 또 도내에서의 여행 은 공민증만 지참해도 문제가 없지만 타 도로 여행할 때는 여행 증명서를 지참해야 한다.

전자의 경우는 쉽게 수긍이 된다. 군사기밀 지역을 자유롭게 드 나들 수 있는 나라는 없기 때문이다. 그러면 해외여행을 제한하는 것이 심각한 인권 탄압이라고 할 수 있을까?

우리나라도 해외여행이 자유화된 것은 1989년의 일로, 그 이 전에 여권을 발급받는 것은 무척 어려워 여권이 있다는 것만으 로도 특권계층으로 여겨질 정도였다. 그 당시 우리나라가 해외 여행을 제한한 것은 달러의 유출을 막기 위해서였지만 북은 경제 상황 외에도 탈북사태 등이 정치 문제화되면서 국가의 안전 문제로까지 확대되는 상황에서 해외여행 제한 조치는 불가피한 일이 되었다.

북녘 내에서 각 도의 경계선을 넘어갈 때 여행증명서가 필요하다는 것은 군사적 대치 상황이 심각하기 때문이다. 실제 미국의 북에 대한 공격 작전 중에는 북의 최고지도부에 대한 암살 혹은 체포가 있다.

우리나라에서도 대통령에게 갑자기 변고가 생기면 혼란이 엄청날 것이다. 북에서도 최고지도자의 변고라면 국가 최대의 안보 위기이다. 이런 위협이 일상적이라고 생각하는 북에서 각 도 경계선마다 여행자의 신원을 확인하는 것을 비난할 수 없다.

한미합동 군사훈련이 제기될 때마다 북녘의 상황은 심각하다. 경제 활동이 중단되고 핵 공격에 대비해 지하 대피가 일상화되며 핵 항공모함과 전투기에 맞서 전투 태세를 갖춘다.

여행을 가려면 행선지 신고부터

거주의 자유와 마찬가지로 여행의 자유도 북의 헌법이 보장하는 공민의 기본권이다. 도 경계선을 넘어가는 여행에 대하여 여행권을 발급하는 형식을 거치지만 이는 여행의 자유를 억압하는 증거일 수 없다. 여행 목적이 분명하고 행선지가 분명한데 여행

증명서를 발급해주지 않을 이유가 없으며 우리나라 기업의 출장 보고서와 비슷하다고 생각하면 된다.

여행증명서를 발급받는 일이 귀찮기는 하지만 그리 까다롭지 않다. 행선지와 목적을 적어서 인민위원회에 제출하고 해당 도의 인민위원회에 통보될 때까지 기다리면 된다.

여행증명서는 외국인에게는 까다로운 신원 확인 심사이지만 북녘 주민들에게 자신의 행선지와 거취를 국가에 보고한다는 의미와 같다. 옆집에 누가 살고 있는지도 잘 모르고, 이웃에 무슨 변고가 일어나도 알지 못하는 우리로서는 사생활을 국가에 보고하는 것이 부당하게 느껴질 수 있다. 우리는 철저한 개인주의 사회에 살고 있기 때문이다.

그러나 북은 옆집에 밥숟가락이 몇 개인지 알 정도로 친밀한 분위기인데 갑자기 이방인이 동네에 쑥 들어와서 숙박한다면 당황할 수밖에 없다. 북은 공동체 사회이기 때문이다.

개인주의 문화와 제도에 익숙한 사람들에게는 불편해보이는 절차라도 공동체 사회에서는 훨씬 더 합리적인 제도일 수 있다. 그들의 집단주의적 공동체 문화를 병영 사회, 감옥이라며 여행의 자유가 없다고 말한다면 그것은 개인주의 문화에 젖은 사람의 주관적인 선입견에 불과하다.

북녘의 여행 방식

북녘 직장인들의 휴가는 14일 정도이다. 이때 여행을 가기도 하고, 집안의 대소사를 치르기도 한다. 북녘 사람들이 즐기는 여행은 여행사에서 모집하는 가족 단위 패키지여행이다. 마식령스키장, 칠보산, 묘향산, 백두산, 해수욕장 등은 북녘 주민들이 즐기는 여행지이다.

유명 관광지들은 외화벌이용이며 국내 주민들은 갈 수 없는 곳처럼 보도하는 우리나라 언론과는 달리 이곳은 북녘 주민들의 대표 여행지이다. 또 경치 좋은 곳에는 기업소별 휴양소가 있어 기업소 가족들이 손쉽게 이용할 수 있다.

반면 우리처럼 배낭 하나 둘러메고 산 따라 물 따라 발길 닿는 대로 가는 여행은 같은 도내에서는 상관없지만 타 도로 넘어가서는 어렵다. 앞에서 말한 것처럼 북이 처한 군사적 상황과 그들의 집단주의 공동체 문화로 인한 것이다. 아직까지 개인 자가용이 없고 여행을 위한 사회적 시설망이 충분히 갖추어지지 않은 까닭이기도 하다.

북에는 휴가와 비슷한 '정양'과 '휴양' 제도가 있다. 정양은 과로로 몸이 지쳐있을 때 공기 좋은 휴양소에서 쉬면서 충전하는 것을 말한다. 병으로 인한 장기 치료가 아니라 쉬면서 몸의 활력을 회복하는 충전용 휴가이다. 휴양은 일종의 포상 휴가인데 개인의 연차 휴가와는 다르다. 보통 15일 정도 기업소별 휴양소에서 휴식을 즐기는데 경우에 따라서 한 달 정도 쉬기도 한다.

기업소 직원들이 모두 직장을 빠질 수는 없으니 100명 정도 규모의 기업소에서는 분기별로 2~3명씩 돌아가며 혜택을 누린다. 또 큰 공을 세우면 기업소 전체가 통째로 포상 휴양을 받기도 한다.

휴양소에는 독서, 스포츠, 영화 감상, 음악 활동이 가능한 레저 시설이 있고, 또 한곳에 머물지 않고 유명 관광지를 여행하는 일정도 있다. 평양 옥류관에서 냉면도 먹고, 교예(서커스)를 보거나 연주회를 감상하기도 하며 또 백두산에도 갈 수 있다. 모든 비용은 기업소가 부담한다.

2019년 12월에 완공된 양덕(스키 승마 온천) 복합 문화
휴양단지

마식령 스키장

원산 명사십리 해수욕장

칠보산

묘향산 국제친선 전람관

2016년에 완공된 연풍 과학자 휴양소

북녘의 의료 정책

전 인민적 무상치료제와 국민주치의 제도

우리나라와 달라 부럽기도 한 북의 정책 중 무상의료 제도가 있다. 북은 언제부터 무상의료를 시행하였을까?

북은 1947년부터 사회보험법을 제정하여 일단 노동자와 사무원, 임산부와 3세 미만 아동까지 무상치료를 받을 수 있도록 했다. 국가병원을 9개에서 47개로 늘리기는 했지만 전 인민에게 확대하기는 역부족이었기 때문이다.

그러다가 1953년 1월부터 한국전쟁으로 수많은 인민이 죽고 부상당하면서 무상의료의 범위를 개인상공업자와 개인농을 제외한 전 인민으로 확대했다. 그 후 전후 복구와 사회주의 개조가 완료되면서 1958년에 개인병원이 완전히 사라졌다. 또 1960년대에 들어와 리 단위 이상의 전국 모든 행정구역에서 1개 이상의 인민병원과 진료소가 설치되면서 전 인민을 대상으로 한 무상의료제를 실시하게 되었다.

무상의료제는 의사담당구역제로 점차 확대되어 전 인민이 주치의를 갖게 되었으며, 1980년 이 보건의료 체계를 '인민보건법'으로 법제화했다.

먹을 것을 배급해주지도 못했던 고난의 행군 시절, 의약품의 부족으로 병원은 텅텅 비었지만, 2012년 김정은 위원장이 집권한 이후 무상의료 체제를 다른 나라의 일반의료 수준으로 올려놓기 위한 노력을 지속적으로 하고 있다.

북의 무상의료는 진단, 검사, 치료, 수술, 입원 등에 소요되는 모든 비용 일체를 말한다. 북의 전인민주치의 제도는 태아 때부터 산부인과 의사에게 관리받는 것을 시작으로 14세까지는 소아과 담당의사에게, 그 이후는 내과 의사에게 건강을 관리받는다.

시도 인민병원에서 완치되지 않은 난치성 중증 환자들은 조선적십자병원과 같은 더 높은 급의 병원으로 이송되어 치료를 받고 급성환자는 직승기(헬리콥터)로 이송되기도 한다.

참고로 평양산원과 옥류아동병원 등 현대적인 시설을 갖춘 병원은 고위급 인사나 재력가들만 이용한다는 것은 거짓말이다. 특히 평양에 거주하는 산모 중에서 아이를 처음 출산하는 경우 모두 평양산원을 이용하며 전국에 있는 세쌍둥이, 네쌍둥이 태아들은 모두 평양산원에서 출산한다.

또 옥류아동병원을 보더라도 아이들 심장병 수술을 3,000건 이

평양류경안과   평양산원

종합병원 진료 모습 | 인큐베이터에 들어간 세 쌍동이
퇴원하는 산모들을 위한 전용 승용차 봉사 | 의료 일꾼들

상 모두 무상으로 했다니 집안에 중환자가 생기면 속수무책일 수밖에 없는 우리나라의 현실과 비교된다.

북녘 의사들이 존경받는 이유

우리나라의 의사들도 최상의 치료를 염두에 두고 환자를 대할 것이다. 그러나 우리나라의 의료 현실은 의사들이 환자의 치료에만 집중하도록 내버려두지 않는다.

병원의 경쟁률을 높이기 위해서는 고가의 최신 의료장비를 수입해야 하고, 의료기구의 원가를 빨리 뽑아내야 하기 때문에 환자에게 비보험 검사를 권할 수밖에 없다. 이런 장비를 갖추지 못한 동네 개인병원들은 병원을 유지하지 못해 문을 닫는 사례가 속출하고, 지방의 국립의료원도 수지가 맞지 않아 폐업하는 경우가 발생하곤 한다. 우리나라의 의료 체계는 자본주의적 질서에 순응해야 살아남는 체계이기 때문이다.

최근 인터넷 실시간 검색에 아주대학교병원 본부와 외상진료센터의 극심한 갈등이 상위에 올라오는 것도 환자의 생명을 살리는 것과 병원 운영 사이의 갈등이 얼마나 첨예한지 보여주는 사례이다.

반면 북의 의료 체계는 자본주의 원리와 다르게 움직인다. 최신 의료장비를 이용한 정밀진단은 큰 병원으로 집중하고 주민생활과 일상적으로 결합되어있는 구역 병원에서는 의사가 담당 구역의 환자들의 건강 상태를 얼마나 정성스레 보살펴주는가의 문제로 집중된다.

건강검진을 차일피일 미루는 환자들을 위해 의사들이 기업소로 찾아가서 검진하는 것은 흔한 일이다. 또 급하게 수혈이나 피부이식을 받아야 하는 환자들에게 의사들이 자기의 피와 살점을 이식해주는 사례도 어렵지 않게 찾아볼 수 있다.

의료시설 면에서 북은 자본주의 사회보다 낙후한 것은 사실이다. 자본주의의 큰 종합병원이 최신 의료시설을 화려하게 갖추어놓고, 비싼 의료수가를 책정하며 운영하는 데 비해 북은 부족한 의료설비와 약품 대신 의사들의 정성스런 치료를 중심으로 의료가 이루어진다. 북녘의 의사늘은 이런 그들의 마음을 '정성사상'이라고 표현하며 생활화하고 있다.

최근 북의 경제가 나아지면서 북은 의료 분야의 현대화를 위해 노력하고 있으며, 고급 검사장비를 갖추는 것과 더불어 의료진의 해외 실습 등으로 현대적 시술을 배우고 있는 추세이다.

양의학과 고려의학의 공존

우리나라에서는 의사들이 한의학을 무시하고 한의원과 협진하는 것을 꺼려한다. 단지 사이가 좋지 않은 정도가 아니라 한의사

옥류아동병원의 전경

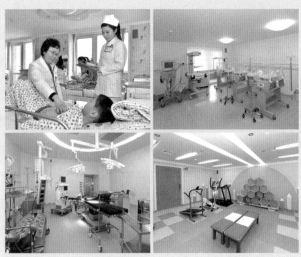

입원실 ǀ 치료 기자재 ǀ 아이들 놀이실

가 사용할 수 있는 의료기기의 범위를 지극히 제한하고 있다. 과학적인 검진이 불가능하다는 점은 한의원을 찾는 환자들이나 한의사들에게 큰 고통이다. 이는 우리나라 의료 체계가 양의학을 중심으로 편성되어있기 때문이다.

반면 북은 의료 일꾼 양성 과정에서부터 고려의학과 양의학의 통합시스템이 구축되어있다. 그리고 양의학부와 고려의학부의 학생들은 모두 양의학과 고려의학의 기본 사항을 함께 공부한다. 공부만이 아니라 환자 치료에서도 이 협진 시스템을 적극 활용하는데 수술한 환자가 어느 정도 차도를 보이면 담당 외과의사는 고려의학과에서 이 환자에게 더할 처방이 없는지 의견을 구하고 인계한다.

양의학과 고려의학의 경계 없이 철저히 환자의 입장에서 최선을 다해 치료하는 이와 같은 시스템은 고혈압, 동맥경화, 고지혈증 같은 성인병과 노인성 질환뿐만 아니라 난치성 질환 치료에서도 상당한 성과를 거두고 있다. 이밖에 북은 고려약 생산공장들을 신설하거나 현대화하여 합성화학약품을 대체할 의약품 생산과 더불어 건강제품 개발이 활성화되어있다.

북녘에서의 종교 활동

북녘에는 종교의 자유가 없다?

북에 다녀온 종교인 중 많은 분들이 북녘 종교는 전시용이라고 한다. 북녘에는 종교의 자유가 없는데 거짓말한다는 뜻이다. 그러나 그 누가 종교인의 신앙심이 진짜인지 가짜인지 판별할 수 있단 말인가?

그런데도 북의 종교에 대해 이렇게 말하는 것을 보면 우리나라에서 북 사회에 대한 불신이 얼마나 깊은지 알 수 있다.

북 사회주의 헌법에는 "공민은 신앙 및 종교의식 거행의 자유를 가진다."라고 명시하여 누구도 종교생활의 자유와 권리를 침해할 수 없다. 북녘 인민들이 교회에 가든, 절에 가든, 성당에 가든 아니면 천도교를 믿든 정부에서는 일절 관여하지 않는다.

공식적으로 북녘에는 기독교 1만 2,000여 명, 가톨릭교 3,000여

명, 불교 1만여 명, 천도교 1만 3,000여 명 정도의 종교인들이 신앙 생활을 한다. 함께 모여 예배도 보고 종교 교리를 공부한다.

조선기독교연맹에는 평양봉수교회, 칠골교회와 전국 500여 개의 가정교회에서 목회를 하는 20여 명의 목사와 130여 명의 전도사가 있다. 조선가톨릭협회는 평양장충성당과 500여 개의 가정 예배처가 있다. 조선불교도연맹 소속 60여 개의 사찰과 300여 명의 승려가 있으며, 조선천도교회는 중앙교당과 800여 개의 전교실이 있다. 가정교회를 지하교회라고 주장하는 사람들이 있는데 번듯한 예배당은 아니지만 국가에서 모여서 예배를 드리라고 공식적으로 인정한 예배처이다.

특이하게도 북녘에는 천주교 성당에 신부가 없다. 그 사연은 좀 복잡하다. 가톨릭은 교황청을 중심으로 체계적인 질서를 구축하고 있다. 신부가 없는 북이 교황청과 직접 신부 파견 문제를 논의하고 싶어도 서울교구에서 평양교구를 겸하고 있어 불가능했다.

고 김수환 추기경은 서울에서 신부를 파견하려고 신부와 수녀의 명단까지 북으로 보냈으나 묵묵부답이었다. 분단 체제에서 북녘이 서울교구에서 신부를 파견한다는 것을 인정할 수 있었을까? 북 체제를 제대로 알지 못하면서 북녘의 신자들에게 천주교 신앙생활을 돕는 강론을 제대로 할 수 있을까? 강론 속에 반체제 내용이 없다고 누가 보장할 수 있을까?

북은 종교의 자유는 인정하지만 종교를 통하여 사대주의나 다른 나라 사상이 스며드는 것은 허용하지 않는다. 우리나라는 대

평양봉수교회   평양칠골교회

평양장충성당에서 예배를 드리는 천주교 신자들

평안북도 태천군 양화사 대웅전

북 적대의식이 강한데 신부를 북에 상주시키겠다니 답할 수 없는 것이 당연하다. 이런 사정으로 북의 천주교 성당에는 신부가 없다. 그러나 신부가 없어도 신자들은 나름의 공소예절을 찾아 신앙생활을 하고 있다.

목사가 되려면 김일성종합대학 종교학과를 나왔더라도 반드시 다시 평양신학원을 졸업해야 한다. 이곳을 졸업한 신학생들은 목사 안수를 받기 전까지 대개 5~8년 정도 가정 예배소에서 전도사로 목회 활동을 한다.

전문적인 공부와 수료 과정을 거치는 것은 스님들도 마찬가지이다. 조선불교도련맹 청사에 4년제 불학원이 있으며 이외에도 김일성종합대학 종교학과 졸업자, 지방 불교강습소 수료생 중 승려가 되기를 희망하면 '법계 자격 고시위원회'가 주관하는 고시를 통과해야 한다.

전문가 수료와 수련 과정을 통과하여 정식 목사나 스님이 된 사람들은 대학 교수에 해당하는 사회적 예우를 받는다.

북녘 종교와 우리나라 종교의 차이

북에서는 종교 건물을 짓거나 종교의식을 하는 것도 허용한다. 단, 외세를 끌어들이거나 국가 사회질서를 해치는 데 종교를 이용할 수 없다. 종교에 대한 통념이 우리와 다른 부분이다.

우리나라에서는 종교인들이 그 종교가 발생한 나라의 사상적 이념과 문화를 전파하는 것을 반대할 수 없다. 대형 기독교 일부에서 미국 성조기도 모자라 이스라엘 깃발까지 들고 민주주의와 부패 척결을 위한 시민 활동을 노골적으로 야유하고 방해하기도 한다.

우리나라에 기독교가 처음 들어왔을 때 제사를 귀신을 섬기는 것이라고 금하는 바람에 사회적 문제가 된 적이 있다. 더 심각한 문제는 제국주의 국가들이 식민지 침탈 이전부터 선교사나 신부를 파견하여 제국주의의 우월성을 선전하고 식민지 침략의 전초병으로 삼았다는 점이다. 제국주의는 식민지에서 종교 활동이 제재받는 것을 빌미로 침략전쟁까지 일삼았다.

김일성 주석은 "온 세상 사람들이 평화롭고 화목하게 살기를 바라는 기독교 정신과 자주적인 삶을 주장하는 북의 사상은 모순되지 않는다."고 하면서 "하느님을 믿어도 조선의 하느님을 믿어라."라고 주장했다. 신앙의 자유를 인정하고 존중하지만 신앙의 이름으로 국가와 민족을 음해하거나 외세 의존적인 사상이 침투하는 것을 경계한다는 뜻이다.

북에 종교의 자유가 없다고 말하는 이유

북은 국제 제재가 아무리 고통스러워도 자신들이 자유롭게 선택한 사회주의와 자주의 길을 포기하지 않는다. 그런데 자본주의 강대국들은 종교의 자유를 빙자해 북녘을 음해하는 활동을 일삼고 있다. 미국은 종교의 자유를 내걸고 목사들을 북에 보내 대북 첩보와 적대 행위를 해왔다. 북에서 투옥되거나 간첩 혐의로 추방된 미국 목사들의 이야기를 들어보면 북 정부는 그들의 방북을 수십 번 넘게 허용하면서까지 종교의 자유를 보장해주려고 얼마나 인내했는가를 알 수 있다.

종교를 이용한 반체제 활동은 심각한 정치적 문제이므로 북에서는 거리 선교를 금지하고 있다. 1972년에는 종교 선전을 반대할 자유를 인정하고 종교 활동을 빙자한 반체제 활동에 대한 사회적 반대 여론을 공론화할 수 있는 길을 열어놓았다. 이런 사실을 종교 탄압이라고 할 수 있을까? 아무 데서나 하느님을 믿으라고 소리치지 못한다고, 로마 교황청에서 파견한 신부가 없다고 종교의 자유가 없는 것일까? 판단은 독자들의 몫이다.

평양신학원 교육실 벽면에는 "여호와를 두려워하여 섬기는 것이 지혜의 근본이요, 거룩하신 이를 깊이 아는 것이 슬기이다.(잠언 9:10)"라는 《구약성경》 구절이 있다.

1998년 5월, 평양장충성당을 다녀온 최창무 주교에게 어느 신자가 "그들이 진짜 신자던가요?"라고 물었을 때 최주교는 담담히 "당신은 진짜 신자입니까?"라고 반문했다.*

---

* 〈경향잡지〉 2005년 6월호

사회주의와 종교적 신념

사회주의 북녘에서는 공동체와 집단주의 문화가 강하다. 또 사회안전망이 구축되어있어서 신에게 의탁해야 할 절박한 안타까움이 개인주의가 기본인 우리나라보다 훨씬 더 적다. 그래서인지 북녘의 젊은이 중 종교에 대해서 잘 모르는 사람도 많고, 전반적으로 교회에 가고 싶은 충동을 별로 느끼지 않는 것 같다.

단지 부모 세대부터 내려온 신앙, 종교에서 말하는 아름다운 가치들을 지키고 싶어 하는 종교인의 마음을 사회적으로 존중하고 보호해주려는 것이 인민의 나라라고 자처하는 북녘의 공식적인 태도이다.

북은 독점 대자본가를 싫어하지만 열심히 살아가려 애쓰는 중소기업인은 장려하고 도와줌으로써 그들이 자연스럽게 사회주의 체제에 동화되도록 했던 역사가 있다.

사회주의란 인민들에게 내재화된 인간다움의 가치, 공동체적 가치, 인민에게 복무하는 마음과 대립되지 않는다고 한다. 오히려 인민의 선택을 존중하고 받아 안으려는 마음이야말로 북 체제가 북녘 인민들의 지지를 받을 수 있는 이유가 아닐까 싶다.

3장.
북 현대사를 알아야
지금의 북이 보인다

북 정권 수립과 민주개혁

김일성 주석은 정말 항일 무장투쟁을 했을까

2019년 3.1운동 100주년을 맞이하며 우리나라 독립운동사에 대한 관심이 높아졌다. 또 강제징용 노동자들의 대법원 재판 결과와 일본의 수출 제재로 시작된 한일 간의 갈등이 높아지면서 일제강점기와 해방에 대해 재조명해야 한다는 목소리도 높아지고 있다.

그런데 안타까운 것은 남과 북이 일제강점기 독립운동을 따로한 것이 아님에도 불구하고 북이 정통성이라고 주장한 항일 무장투쟁에 대해서는 전혀 다루지 않는다는 점이다. 그 의미가 크든 작든 김일성 주석이 항일 무장투쟁을 한 것은 객관적인 사실이며 우리 민족의 독립운동사의 한 범주로 다루어져야 한다.

그동안 우리나라에서는 이 부분에 대해 거의 언급하지 않고 김일성은 가짜라는 설, 무장투쟁을 했으나 1940년대에는 소련으로 넘어가 소련군 장교로서 귀국했다는 설, 중국 동북항일연군에도 김일성에 대한 기록은 미미하다고 하는 설 등 사실 여부를 확인도 하지 않은 채 의미를 축소하기에 바빴다.

교육이나 일상생활에 대해서는 눈으로 본 사실을 기반으로 영화나 소설을 참고하여 나름 객관적인 설명을 하려고 노력할 수 있었으나 역사 부분은 참 난감하다. 타임머신을 타고 그 시대로 돌아가 내 눈으로 직접 볼 수도 없으니 대부분을 북의 기록에 의존할 수밖에 없다는 점을 염두에 두고 역사 부분을 읽어나가기를 바란다.

우리만 모르는 북녘의 항일 무장투쟁 역사

북녘은 조선민주주의인민공화국의 뿌리를 만주에서 김일성 주석이 이끌었던 항일 무장투쟁에서 찾는다.

1926년 10월 17일, 만주 독립군 군관학교인 화성의숙 재학 시절 김일성(당시 14세)이 결성한 '타도 제국주의 동맹'을 조선 혁명의 조직적 주체의 탄생, 즉 조선로동당의 효시로 본다.

이 타도 제국주의 동맹은 1930년 5월 30일, 중국 길림 카륜에서 '조선 혁명의 진로'를 발표하며 항일 무장투쟁을 준비했다. 1932년 4월 25일, 중국 안도현 소사하에서 '반일인민유격대'를 창건하면서 조선 사회주의자들의 항일 무장투쟁이 시작되었다. 반일인민유격대는 일본군과의 항일 무장투쟁을 전개하면서 조선인민혁명군으로 확대 개편되었고, 해방 때까지 일제와의 전투를 지속했다.

만주에서 조선인에 대한 일제의 만행은 극심했다. 일본이 중국을 침략하려면 만주 인구의 대부분인 조선인부터 길들여야 했기 때문이다. 한반도에 살지 못하고 만주까지 쫓겨온 조선인들은 일제에 대한 분노가 당연히 클 수밖에 없었고, 거대한 만주벌판에서 일제 그리고 일제와 결탁한 악질 지주들에 대한 저항이 만만치 않았다.

조선인의 뿌리를 뽑겠다고 덤벼드는 일본군의 학살과 방화 속에서 조선인들은 부모와 자식을 잃고 뿔뿔이 흩어져야 했다. 만주에는 민족의식이 강한 조선인도 많았고, 소련의 영향으로 사회주의 계열의 독립운동가도 많았다. 만주 항일빨치산(위에서 말한 조선인민혁명군)은 학살을 피해 피난 가는 조선인을 이주시키며 그들에게 은신처를 마련해주고 안전하게 보호하며, 항일 무장투쟁을 하는 군사조직을 만들고 단련했다. 이런 상황에서 유격근거지가 만들어졌다.

유격근거지를 창설하는 과정은 결코 순탄할 수 없었다. 일제는 동만의 유격근거지를 가리켜 '동양 평화의 암'이라고 불렀다.

1932년 봄, 일제는 나남 사단 소속의 일본군 연대를 기간基幹으로 하고 경원수비대, 기병, 야포병 그리고 한 개의 비행 중대까지 포함한 '간도 임시 파견대'를 꾸렸다. 그리고 동만 4개현(연길, 화룡, 왕청, 훈춘)의 모든 촌락과 시가지들을 초토화시키는 만행을 저질렀다. 1932년 한 해만 해도 무려 281번에 달하는 토벌을 감행했다. 훈춘현의 삼한리 1,600여 호를 비롯하여 덕원리와 상경리가 불바다가 되었다. 연길현에서만 무려 1만여 명이 학살당했고 삼도만, 해란구, 용정, 봉림동도 모두 주검으로 덮였다.

유격근거지 창설 사업은 일제의 무차별적인 토벌, 초토화 작전에 맞서 군중들을 보호하는 치열한 전투와 밀접히 결합되었다. 반일인민유격대는 군중을 보호하기 위해 수백 회에 달하는 전투를 통해 적들을 군사적으로 제압하고 안전한 산간지대를 확보했다. 그리고 그곳으로 군중들을 집결시켜나갔다. 이런 과정으로 해방지구 형태의 유격구가 여러 군데 생겨났다.

이 유격근거지는 1930년대 중반 3~4년까지 해방구의 형태인 완전유격구, 반유격구, 활동거점 등으로 존재하다가 일제의 유격근거지 파괴를 위한 대대적인 집단 학살을 거치며 비밀 근거지의 형태로 전환되었지만 초기에 항일 무장투쟁의 기반을 조성하는 데 큰 역할을 했다.

조선인민혁명군은 소규모 게릴라 부대가 아니었다. 처음에는 몇몇 현 단위의 반일인민유격대로 출발했지만 만주구국군(중국 민족주의 항일부대) 등과 연대하여 성시(도시)를 빼앗는 큰 전투도 벌이면서 군대로서의 면모를 갖추며 일사불란한 지휘 체계를 갖추었다.

1937년 보천보 전투를 할 때 600벌의 군복을 지었다는 기록이 있는 것으로 보아 몇 개의 연대를 뛰어넘는 규모였던 것으로 짐작된다. 조선인민혁명군은 중국공산당과 함께 싸울 때는 '동북항일연군'이라는 이름도 사용했으며 많이 알려진 보천보 전투 외에도 수백 번 이상의 크고 작은 전투를 치루었다.

보천보 전투

1937년 6월 4일 밤 10시, 김일성이 지휘하는 조선인민혁명군 600여 명이 함경남도 혜산군 보천보를 습격했다. 그들은 국경을 넘어 경찰관 주재소, 산림보호구, 면사무소, 우체국 소방회관을 비롯한 일제 통치기관들을 일제히 화염에 휩싸이게 한 후 '조국광복회 강령'을 담은 격문을 뿌리고 철수했다.

이 전투는 당시 국내 언론에도 즉각 알려졌는데 동아일보는 두 차례 호외까지 발행했다. 일제는 다음날 추격대를 보냈지만 수많은 전상자만 남긴 채 후퇴해야 했다. 보천보 전투가 알려지면서 그동안 독립군을 완전 소탕했다고 한 일제의 선전과 달리 조선인민혁명군이 건재하다는 사실이 세상에 입증되었다.

1998년 동아일보 대표단이 북을 방문할 때 보천보 전투를 다룬 동아일보 호외 기사를 순금으로 만들어 선물했는데 이는 평양 지도자 선물관에 전시되어있다.

1998년 10월 26일 동아일보 방북단이 선물한 순금으로 만든 보천보 전투 기사 동판

보천보기념비

조선인민혁명군 지도부가 소련 하바로프스크로 간 까닭

제2차 세계대전이 발발하자 세계 최강 미국에게 선전포고한 일본은 천하무적인 듯 보였다. 그러자 독립은 불가능하다고 체념한 사람들이 속출했다.

그러나 조선인민혁명군은 세계를 적으로 만든 일본이 머지않은 시기에 오히려 패망할 것이라고 보았다. 우리 힘으로 해방을 이루기 위해서는 일본과의 대규모 전쟁을 해야 한다고 생각한 그들은 전면전과 그에 조응하여 국내 전민항쟁을 본격적으로 준비했다.

소부대 및 소조 활동을 중심으로 한 국내 조직망 확보에 주력하면서 정보전과 배후타격전을 결합하는 한편 주력부대는 일본과의 전면전에 대비하여 군사훈련에 들어갔다.

한편 1941년 4월 13일, 소련은 대對 나치 독일전쟁에 승리하기 위해 유럽 전선에 치중하고 있었다. 소련은 후방 교란을 염려하여 일본과 소일중립조약을 체결했고, 만주에 있던 조선인민혁명군(동북항일연군)에게는 일본과의 대규모 전투를 전개할 경우 일본이 소련을 침범할 빌미를 준다는 이유로 독일과의 전쟁이 끝날 때까지 대규모 전투를 중지할 것을 요청했다. 그러면서 독일 나치와의 전쟁이 끝난 후 함께 일본과의 전면전을 치루자며 그 준비로 안전한 소련 야영지에서 장기 군정훈련을 하자고 제안했다.

때마침 비행기 낙하훈련 등 현대전 대비훈련이 필요했던 조선

인민혁명군은 이 요청을 받아들여 소련의 야영지로 들어와 '동북항일연군 교도려'로 재편성했다. '국제 홍군 특별 독립 88여단'으로도 불린 이 조직의 전체 규모는 1,000명 정도였으며, 1942년 8월부터 전면적인 야영훈련과 군정학습을 실시했다.*

소련과 함께 일제와의 전면전을 시작한 조선인민혁명군

1945년 5월 9일, 독일이 패망했다. 독일의 패배는 일본 군국주의의 국제적 고립과 패망을 촉진하는 것이었다. 일본은 1945년 7월 26일 '대일 무조건 항복 권고'를 권하는 포츠담 선언을 거부했다.

그런데 한 가지 이상한 것은 포츠담 회담에 소련이 참가했는데 막상 포츠담 선언문에서는 소련의 서명이 빠져있었다. 트루먼이 스탈린은 배제하고, 회담에 참여하지도 않았던 장개석의 이름을 넣어 대일 항복 권고 문서를 발표한 것이다.**

트루먼 직전 미국 대통령이었던 루스벨트는 소련의 대일전 참여를 바랐었는데 트루먼이 대통령이 되자 미국의 생각이 달라진

---

* 그렇지만 조선인민혁명군이 일본군에 대한 타격전을 전면적으로 중단한 것은 아니었다. 주로 일본군의 후방시설, 철도에 대한 기습과 정찰 활동을 기본으로 한반도에 들어가 조직사업에 박차를 가했다.
** chosun.com 문화, 2017년 4월 3일

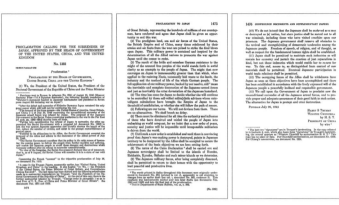

스탈린의 서명이 빠진 포츠담 선언문

것이다. 왜일까?

역사가들은 미국에서 최초로 원자폭탄 실험이 성공했기 때문이라고 분석한다. 포츠담 회담 전날 이루어진 원폭 실험의 성공은 트루먼에게 소련의 참전 없이도 일본을 제압할 수 있다는 자신감을 갖게 했다. 즉 극동에서 미국의 영향력을 강화하려는 패권주의가 소련을 배제한 트루먼의 속심이었다.

그런데 아이러니하게도 일본은 자신들과 중립조약을 맺었던 소련이 빠진 것에 오히려 안심하고 항복하지 않았다. 결국 소련이 참전하기 전에 하루라도 빨리 일본을 항복시키려던 미국은 1945년 8월 6일 히로시마에 원자폭탄을 투하했다.

1945년 8월 9일, 소련은 원래의 계획대로 일본에 선전포고했다. 조선인민혁명군은 선전포고 전날인 8월 8일 밤, 일제가 난공

불락의 요새라고 큰소리치던 경흥의 요새 토리와 훈춘현의 남별리와 동흥진을 습격하는 데 성공했다. 그런 요새를 조선인민혁명군 대원들이 돌파함으로써 소련군과 조선인민혁명군으로 구성된 국제연합군의 조선 진출의 결정적 돌파구를 열어놓았다. 8월 9일, 소련과 중국, 조선 반일인민유격대로 이루어진 국제연합군은 3개의 전선으로 일본에 대한 총공격을 개시했다.

자체의 힘으로 쟁취한 해방과 동시에 그어진 38선

소련군이 관동군을 물리치고 한반도로 진격하는 데는 이틀도 걸리지 않았다. 여기에는 조선인민혁명군의 총공격 방침에 호응한 국내 인민들의 전민항쟁 덕이 컸다.

나진 지역에 소련군과 조선인민혁명군이 상륙하기도 전에 나진 인민들이 인민 무장봉기를 일으켜 자체의 힘으로 일본군을 물리치고, 일본 통치기관을 뒤엎고 나진을 해방했다. 38선 이북 대부분 지역은 소련군이 진주하기도 전에 자체의 힘으로 일본군을 몰아내고 조국 해방을 달성했다. 이렇게 할 수 있었던 것은 조선인민혁명군이 전민항쟁을 일으킬 수 있는 주체 역량을 형성하는 데 심혈을 기울여왔기 때문이다.

예를 들어, 1940년대에 접어들어 조국광복회 회원의 수는 전국적으로 20만 명이었다. 이런 이유로 북에서는 8.15 해방은 연합군이 선사한 것이 아니라 어디까지나 조선인민혁명군을 중심으로 한 전체 조선 민중이 자체의 힘으로 쟁취한 것이라는 인식이 지배적이다. 1945년 8월 10일 나진과 웅기가 해방되고, 8월 12일에는 청진이 해방되었으며, 8월 14일에는 소련군과 국제연합군이 개성까지 내려왔다.

그동안 미국은 아직 한반도에 진격할 준비가 되지 않은 상태였다. 아직 일본이 항복하기 전이었고 필리핀에 머물고 있던 미국은 한반도에 상륙하는 소련의 속도에 맞추기 어려웠다. 전쟁이 끝남과 동시에 사회주의 소련을 봉쇄하려는 미국에게 한반도는 양보할 수 없는 교두보였다.

급해진 미국은 1945년 8월 11일, 한반도에 적절한 군사분계선을 강구하라는 지시를 내렸다. 미국 육군부는 작전국에 걸려 있던 벽걸이 지도에 38선을 그어본 후 38선 분할 점령안을 보고했다. 이는 미국 대통령의 '일반 명령 제1호'로 맥아더 사령관에게 전달되었다.

소련은 미국의 결정을 거부할 수 없었다. 신생 사회주의의 종주국으로서 파시즘 독일과의 전쟁에 총력을 기울였던 소련은 세계 최강이 된 미국과 맞붙기 어려웠다. 미국은 8월 6일과 8월 9일에 2개의 원자탄을 터뜨려 핵폭탄의 힘을 과시하고 있었다.

1945년 8월 23일, 개성까지 내려갔던 소련군은 9월 초 38도선 이북으로 철수하고 만다. 미군이 남쪽에 진주한 것은 9월 8일이었다.

반제, 반봉건 민주주의적 개혁 과제에 착수하는 북녘

해방과 함께 북녘에서도 자체적으로 지역 인민위원회가 속속 만들어졌다. 8월 27일, 평안남도를 시작으로 10월 말까지 평안 북도, 함경남북도, 황해도, 강원도에서 인민위원회가 세워졌다.

남녘에서는 지역별로 구성되었던 인민위원회가 미군정의 탄압으로 조기에 해산당했지만, 소련군은 북녘 인민위원회 건설에 간섭하지 않았다. 이것은 1942년 국제연합군인 88여단을 편성할 때부터 합의된 기본 원칙, 즉 한반도 내정에 관한 문제는 조선 사람 자체의 판단과 결심에 따라 자주적으로 해결해나가는 것을 존중한다는 원칙에 따른 것이다.

지역별로 구성된 인민위원회는 정치적 탄압과 굴곡 없이 일제의 청산과 민생문제 해결, 국가 건설을 위한 수풍댐 등 기간산업 몰수, 7대 3의 소작료 인하 등 긴급 개혁과제를 실시했다.

남북 모두를 망라하는 중앙 정부 구성이 필요했다. 그러나 남녘은 미군정 하에 이미 지역 인민위원회를 해산하기 시작한 상황이어서 남북 통일 정부를 만드는 것이 불가능했다.

북녘만이라도 일제 청산과 경제 건설을 위한 정부 구성이 필요했다. 10월 8~10일까지 '북조선 5도 인민위원회 연합회의'가 열렸다. 1945년 11월 19일, 각 도별 인민위원회의 연락기관으로 '북조선 행정 10국'을 출범시켰고, 1946년 2월 8일에는 북조선 임시인민위원회를 결성하기 위한 '북부 조선 각 정당 사회단체,

각 행정국 각 시도군 인민위 원회 대표 확대협의회'가 개 최되었다.

정당 대표 6명, 사회단체 대표 8명, 행정국장 11명, 각급 인민위원회 관련자 등 137명이 참가했으며 투표 결 과 김일성 위원장, 김두봉 부 위원장, 강양욱 서기장 등 총 23명의 인민위원이 배출되 었다.

일장기가 내려오고 태극기가 아닌 성조기가 올라간 중앙청

3월 23일, 북조선 임시인민위원회는 '일제 잔재의 숙청, 기본권 의 보장, 8시간 노동제의 확립' 등을 주요 내용으로 한 20개 정강 을 발표하며 개혁의 방향을 제시했다.

1946년 3월 5일, '북조선 토지개혁에 관한 법령'이 공포되고 1만 1,500여 개의 농촌위원회가 만들어짐으로써 토지개혁이 본 격적으로 추진되었다.

일본인, 민족반역자, 5정보 이상 대지주의 땅은 몰수되어 농민 에게 무상 분배되었다. 항일 독립운동에 공헌한 지주에게는 특별 한 혜택이 부여되었고, 스스로 땅을 포기하는 지주에 대해서는 가 옥과 일정한 토지를 소유한 채 고향에서 사는 것이 허용되었다. 이렇게 몰수한 토지는 농지 면적의 50퍼센트가 넘는 면적이었다.

1946년 6월 9일, 8시간 노동제와 사회보장보험 등을 규정한 '노동법령'이 공포되었고, 1946년 7월 '남녀평등권에 대한 법률'이 제정되었다. '주요 산업 국유화령'이 공포되어 일본인이나 민족 반역자가 소유했던 철도, 은행, 기간산업과 1,034개의 공장 기업소가 노동자 관리에 맡겨졌다. 반면 소규모 상품생산 공장은 민족 자본가들에게 매각되었다.

북녘이 개혁의 길을 가는 동안 우리나라의 사정

북녘이 지역 인민위원회의 활동으로 개혁과 국가 경제 건설을 시작하고 있는 동안 남녘에서는 미군정이 인민위원회의 활동을 불법화하며 식민 통치 기간 동안 축적한 일본인 재산을 미군정청 소유로 압류했다. 노동자들이 관리하던 공장도 미군정의 소유로 넘어갔으며 토지는 일제의 동양척식주식회사의 후신 신한공사로 넘어갔다. 미군정은 총독부를 능가하는 거대 지주, 자본가로 군림하며 동조 세력을 규합하고 남녘을 미국 상품시장으로 만드는 정책을 펴나갔다.

신한공사는 과수원, 산림을 제외하고도 28만여 정보의 토지와 55만 4,000여 호의 소작 농가를 관리하는 거대 지주가 되었다. 신한공사의 토지를 소작하는 농가는 남쪽 총 농가의 27퍼센트에 이르렀으며, 1947년 신한공사의 쌀 생산량은 전체의 25퍼센트에 달했다. 소작료 수입은 매년 10억 원이 훨씬 넘어 일제와 다름없는 과도한 착취가 계속되었다.

미국은 공업에서도 자국에게 우호적인 자본가를 양성하여 남 녘을 미국 경제에 종속시키는 것밖에 관심이 없었다. 기술자 양성 과 설비 투자는 방치되어 1941년에 비해 1948년에는 고용자 수 는 70퍼센트, 생산액은 83퍼센트가 감소했다.

면방직공업을 보면 일제에 귀속되었던 기업체를 친일 경력이 분명한 자들에게 헐값에 매각하면서 미국산 원면을 원조하도록 했다. 원면 배급에서 소외된 기업은 몰락했고, 원면 생산 농민들 도 막대한 타격을 받았다.

게다가 미군정이 통치 비용을 조달할 목적으로 화폐를 무더기 로 찍어내 물가는 하늘 높은 줄 모르고 치솟았다. 1945년 12월경 의 물가가 4개월 전과 비교했을 때 무려 70배나 올랐다니 당시의 물가가 어느 정도인지 짐작할 수 있다.

반면 노동자 실질임금은 1935년도 기아 임금에 비교해 3분의 1 이하였다. 노동자들은 한 달에 쌀 두세 말을 살 수 있는 임금을 받 기 위해 1주일에 100여 시간이나 되는 노동에 시달렸다.

한국전쟁 이후 북의 경제 건설

국가 주도의 사회주의적 개조

한국전쟁은 북녘 경제를 다시 완전히 무로 돌려버렸다. 미군이 쏟아부은 폭탄으로 북 전역은 완전히 초토화되어 아무것도 남지 않은 완전한 폐허에서 다시 출발해야 했다.

북의 공업은 1950년까지 이미 83퍼센트 정도가 국유화되어있었지만 중소상공인들이 존재했다. 그런데 전쟁의 결과 공장시설이 대부분 파괴되었고, 그들에게는 공장을 재건할 만한 능력이 없었다. 북녘 정부는 동종업종끼리 협동조합을 결성하여 생산과 판매를 수행하게 도와줌으로써 효과적으로 경제인들이 경제 능력을 회복하고, 자연스럽게 사회주의적 개조의 흐름에 동참할 수 있도록 유도했다.

1953년까지 북녘의 농업은 대부분 '개인 경리 체제'였다. 그런데 부농, 중농, 빈농을 막론하고 전쟁으로 농지가 황폐화되고 농기구와 비료의 절대적 부족, 관개시설의 파괴 등으로 심각한 위기에 몰려있었다.

농업 생산력의 향상은 오직 기계화를 통해서만 가능했으며 노동력 부족으로 기계화는 더욱 절실했다. 그런데 소규모 개인 경리 체제로는 거액이 필요한 농업의 기계화가 불가능했다. 정부에서 어렵게 중공업을 일으켜 농기계를 생산하더라도 농업에서 소비하지 않으면 농업의 기계화가 불가능하다.

이 두 가지 문제를 동시에 해결하려면 농업의 협동화가 필수적이었다. 토지가 적어 개인 경리를 고집할 필요가 없었던 빈농들을 중심으로 군 단위별 몇 개의 시범 농업협동조합이 만들어지기 시작하여 1958년 말까지 농민 대다수가 농촌협동조합에 자발적으로 참여했다.

북녘은 이처럼 식민지 유산의 청산과 전쟁 피해 복구라는 특수한 요구와 무리하지 않은 사업 전개로 큰 사회적 갈등 없이 인민들의 자발적 참여하에 사회주의적 개조를 완수할 수 있었다.

사회주의적 개조와 함께 시작된 북의 경제 건설

북녘은 국내 자원의 40퍼센트를 중공업, 특히 기계 · 화학 · 야금 · 수력발전 · 광업에 먼저 힘을 쏟아 경제의 기초 쌓기에 집중했다.

	남	북	남북 대비
1961년 남북의 경제력 비교			
석탄(t)	5,888,000	11,788,000	1:2
전기(kwh)	1,770,000,000	10,418,000,000	1:5.7
철(t)	46,000	776,000	1:16
비료(t)	64,000	662,000	1:10
트랙터(대)	0	3,996 (소는 수만대)	-
면직(m)	133,000,000	256,000,000	1:1.7
쌀. 밀 (t)	4,544,000	4,830,000	1:1
어획고(t)	434,000	620,000	1:1.4
시멘트(t)	522,000	2,253,000	1:4.3

출처 : 김병우,《민족분단과 통일문제》, 한울, 1985, 221쪽

　　중공업의 발전으로 기계와 원료 등을 공급받게 되자 경공업 역시 빠른 속도로 발전했다. 인민소비재를 위해서는 지방 공업을 중점 육성하여 각 지방의 특산물과 남는 일손을 바탕으로 지방의 특수한 수요에 맞는 제품을 생산하도록 했다. 이는 식민지 공업의 편파성을 근본적으로 수정하는 효과가 있었다.

　　중공업의 발전과 정부 지원에 힘입어 농업도 순조롭게 발전했다. 1953~1959년까지 농민들에게 지원금을 지급했고 농업협동조합과 빈농들에게는 식량과 영농자금 대여, 현물세 및 대여 곡 납부와 대부금 반환을 면제해주었다. 1959년 관개답은 전체 논 면적의 91퍼센트로 증가했다. 중공업 발전으로 화학비료와 농기계의 보급이 늘어났으며 전기 공급도 늘어나 1960년에는 전

체 농가의 62퍼센트가 전기를 공급받게 되었다. 협동농장의 재배 면적은 4년 전보다 3배 이상 늘어났으며,* 총 알곡 생산량 역시 증가했다.**

북의 경제 성장은 같은 시기 우리나라의 국민소득의 연평균 성장률(북 22.1퍼센트, 남 약 4.7퍼센트)과 1인당 국민소득의 증가율(북 17.2퍼센트, 남 0.8퍼센트)을 비교했을 때 더욱 뚜렷하게 드러난다.***

북은 1960년대 초반에 이미 기계 설비, 공업 원료, 기초 소비재, 식량 등을 자체 공급할 능력을 갖추었지만, 우리나라는 상당 부분을 해외에 의존하고 있었고 날이 갈수록 의존도는 더 심화되었다.

---

* 1954년에는 약 23만 정보, 1958년에는 약 82만 정보

** 1956년에는 287만 톤, 1957년에는 320만 톤, 1958년 370만 톤

*** 국민소득의 연평균 성장률은 북 22.1퍼센트, 남 4.7퍼센트, 1인당 국민소득의 증가율은 북 17.2퍼센트, 남 0.8퍼센트이다.

소련의 외압과
북의 민족자립 경제 건설의 길
(1950년대)

소련의 내정 간섭

우리는 김일성 주석이 소련의 지원으로 탄탄한 독재자가 되었다고 알고 있지만 실상은 반대이다. 김일성 주석은 항일빨치산 세력만으로 정부를 구성한 것이 아니었다. 월북한 박헌영과 남로당 계열, 연안에서 중국공산당으로 활동하던 독립동맹 계열, 소련 출신 조선인 등 여러 세력이 연대하여 정부를 수립했다.

김일성 주석의 항일 무장투쟁이 워낙 유명했기 때문에 대중들로부터 인기가 많았지만 자주적인 정권을 수립하려면 사회주의 계통의 모든 세력이 힘을 합쳐야만 했다.

소련은 처음에는 비교적 순수한 입장에서 조선의 사회주의 건설을 돕기 위하여 조선인 출신 소련공산당원들을 북으로 파견하였다. 하지만 이는 이후 소련과 북 사이의 갈등을 증폭시키는 요인이 되었다.

소련에서 파견한 조선인들은 소련공산당 당적을 갖고 있었으므로 소련과의 쟁점이 생겼을 때마다 소련의 입장을 따랐다. 1953년 레닌의 뒤를 이은 소련 지도자 스탈린이 사망한 후 말렌코프와 흐루시쵸프는 스탈린주의가 개인숭배사상이라고 비판하며 자본주의와의 평화 공존을 추구하기 시작했다. 소련의 '수정주의 노선'의 시작이었다.

1956년 2월, 제20차 소련공산당대회에서 흐루시쵸프는 집단지도 체계를 공식화함으로써 세계 각국 공산당에게 커다란 혼란을 주었다. 특히 조선공산당 제3차 당대회에 참석한 소련의 브레즈네프는 축하 연설에서 김일성 주석의 권위에 대한 지지를 '개인숭배'라고 주장했다.

또 조선로동당 당대회에서 '사회주의 경제 건설을 위한 5개년계획'을 채택하는데 소련은 자신들과의 조정이 필요하다며 북의 경제 노선에 대한 수정을 요구하기도 했다.

개인숭배라는 비판에 대해 항일 무장투쟁을 같이해온 사람들의 입장은 무엇이었을까? 리종옥, 최용건, 리일경, 김창만, 한상두, 한설야, 박금철, 박정애 등은 소련의 비판에 대해 즉각적인 반박에 나섰다. 즉 조선로동당은 지도의 집체성에 관한 마르크스-레닌주의적 당 원칙을 소홀히 하지 않았으며 그 증거로 전쟁 중에도 당 중앙위원회 3차, 4차, 5차 전원회의를 개최할 정도로 집체적 지도를 일상적으로 해왔다고 주장했다.

제3차 당대회 이후 1956년 8월에 열린 조선로동당 중앙위원회 전원회의에서 이 사건은 또다시 확대되었다. 윤공흠 상업상은 조선로동당 차원에서 추진되었던 중공업 우선 경공업·농업의 동시 발전과 농업 협동화 노선 등을 비판했으며 당내에서 김일성 주석을 개인숭배하는 흐름이 있다고 비난했다. 그러나 당 중앙위원회 위원들의 압도적인 반박과 논쟁에 밀려 김일성 주석을 실각시키려는 기도는 실패했다.

중앙위원회 전원회의의 결정서는 "우리나라에 존재하였던 개인숭배를 철저히 근절하기 위하여 당원들과 대중들을 계속 꾸준히 교양하여야 할 것이다. 그러나 당의 지도자들에 대한 대중의 신임과 존경을 개인숭배와 혼동함으로써 당의 령도를 훼손하려 하며, 당의 중앙집권제를 무시하며, 당 지도부에 대한 불신임을 조성하며, 당의 통일을 방해하려는 옳지 않은 경향에 대하여 당은 경계하여야 한다."고 명시했다.

윤공흠 등 4명이 중국으로 망명했는데 이때 중국과 소련은 김일성 주석에게 이들의 지위를 회복시키라고 개입했다.

논쟁의 핵심은 사회주의 경제 발전에 대한 전망 문제

40년에 걸친 일제의 식민통치 기간 동안 조선 경제는 완전히 불구화되었고, 조선 민중은 노예적인 학대와 빈곤을 강요받았다.

일제는 조선의 독자적 기술 발전을 허용하지 않으면서 조선을 그들의 공산품 시장, 식량과 원료의 공급지로 전락시켰다. 조선 민중은 극단적 수탈의 대상이 되었다.

이 같은 쓰라린 경험은 새로 정권을 수립하는 북녘 인민들 모두에게 사무쳤고, 생산 관계를 사회주의적으로 개조하는 데 머물지 않고, 민족자립 경제 건설을 강력하게 추구하려는 열망으로 나타났다.

1953년 7월 27일, 한국전쟁이 끝나자 북은 전쟁 폐허를 복구하여 경제 건설을 다그쳐야 했다. 1953년 8월, 김일성 주석 주도로 결정된 전후 복구 건설의 기본 방향은 중공업 중시와 경공업·농업 동시 발전 노선이었다.

경공업과 농업 발전이 시급했지만 중공업이 정상화되어있지 않다면 경공업과 농업도 발전할 수 없다. 또 국가의 경제가 자립 경제 노선을 걸으려면 중공업을 우선하여 건설하지 않고서는 강대국에 의존하는 경제 구조가 정착된다. 김일성 주석은 경제의 종속은 정치에서의 자주를 어렵게 만든다고 생각했다.

그러나 소련은 1953년 말렌코프의 신노선이 등장하였고, 인민 생활을 중시하는 경공업을 강조하는 분위기였다. 당시 사회주의자들 사이에 소련에 대한 신망이 높아 소련 사회주의 건설의 경험과 노선을 절대화하는 사람들이 많았다. 사회주의의 종주국 소련의 입장이니 사대적 경향을 극복하지 못하는 사람들로서는 당연한 현상이기도 했다. 윤공흠 사건에서 보이듯이 그들은 북 내부에서 김일성 주석의 중공업 중시와 농업·경공업 동시 발전 노선에 대해 반대했다.

또 농촌의 협동농장 문제에 대해서도 소련은 기계화가 이루어진 이후에나 가능하다는 의견이었다. 이처럼 소련과 북의 의견은 대립 충돌되었다.

식민지에서 독립한 국가의 사회주의 건설 문제는 아무도 가보지 않은 길이었다. 논쟁은 정치부터 경제·사회·문화 전반에 걸쳐 광범위하게 전개되었다.

전후 경제 복구 건설을 둘러싸고 치열한 논쟁이 펼쳐졌다. 이 논쟁은 1955년 12월, 김일성 주석이 '사상사업에 교조주의와 형식주의를 퇴치하고 주체를 확립한 데 대하여'라는 연설을 통해 극복의 실마리를 잡기 시작했다.

김일성 주석이 말한 주체란 '조선이라는 구체적 현실 속에서 이끌어가는 마르크스-레닌주의'라고 설명했다. 즉 소련식이 아닌 조선의 실정에 맞는 사회주의 건설 문제라는 뜻이다.

자력갱생 경제 건설을 위한 본격적인 대중운동

'천리마 운동'이 최초로 제창된 것은 1956년 12월, 조선로동당 중앙위원회 전원회의에서였다. 북의 경제 노선에 대해 중공업을 앞세우지 말고, 경공업부터 발전시키라는 소련의 압력은 여전

천리마 운동을 기념하는 천리마 동상, 모란봉 공원에 있다.

했다. 소련 중심의 사회주의 국제분업론이었다. 그러나 북은 자력갱생 노선을 완강하게 밀고 나가며 이를 위하여 인민의 헌신적 열정과 창의적 능력에 모든 것을 걸었다. 천리마 운동을 발기한 것이다.

1956년 12월부터 당 정치위원회 위원들이 전국 각처에 내려갔고 김일성 주석 자신도 강선 제강공장에 직접 내려갔다. 김일성 주석은 공장 노동자에게 "우리는 오직 혁명의 주력군인 노동계급 여러분만 믿으며, 여러분 외에는 의지할 사람도 없다. 당이 당면한 중대한 위험을 극복하기 위하여 여러분이 잘 생산하고 건설하도록 경각심을 갖고 힘들여 일해야 하며 경제 건설을 더욱 활발하게 추진해야 한다."는 호소를 거듭했다.

사회주의 건설을 가속화시키기 위하여 "천리마의 속도로 진군하자."는 구호가 광범위하게 제창되었다. 이에 호응하여 작업반, 공장, 직장, 농장 상호 간에 생산 증대를 향한 집단적 경쟁이 불붙기 시작했다. 천리마 운동의 개시와 함께 새로운 기술 혁신과 성취 속도가 갱신되었다.

천리마 운동으로 창출된 애국적 열정이 고조되고 있는 동안 주요 공업의 생산할당량이 4년 내에 달성되었고, 공업의 주요 분야에서 5개년 계획의 목표가 2년 6개월이라는 기록으로 달성되었다. '북한의 기적'이라는 말이 나온 것도 바로 이때였다.

1960년대 초, 소련이 사회주의권 내의 국제 분업에 입각한 통합경제를 제창했지만 북은 이를 전면 거부했다. 자주 노선을 걷는 북으로서는 아무리 주변 강대국의 입김이 세더라도 자립적 민족경제 노선을 포기할 의사가 전혀 없었다.

중소 분쟁의
격랑과 북의 선택
(1960년대)

믿을 수 없는 사회주의 형제국

1960년대 중반 이후 북은 다시 큰 어려움을 겪는다. 중소 분쟁
의 여파로 북과 소련, 중국 등 사회주의 사이가 균열되었기 때문
이다.

소련은 미국과의 타협 노선에 들어갔으며, 중국은 문화대혁명
을 하면서 북을 '민족주의 정권'이라고 비난했다. 1962년 쿠바 사
태로 소련이 미국에 투항한 데 이어 1964년 베트남전쟁에 미국
이 개입했지만 중국은 베트남을 외면했다. 1965년 한일회담으로
한미일 군사동맹 체제가 등장함으로써 북은 한미일 세 나라와 홀
로 맞서야 하는 상황이 되었다. 주변 사회주의의 연대 없이 홀로
미국과 맞서 국가의 안전을 지키려면 막대한 국방비의 지출이 불
가피했다.

1962년 천명했던 경제 · 국방 병진 노선을 다시 강조하며 내부적으로 정치 사상적 단결 강화 조치를 모색했다. 북이 믿을 것이라고는 내부의 단결과 단합뿐이었다.

김일성 주석은 "정세가 복잡하면 복잡할수록, 우리 앞에 어렵고 방대한 과업이 제기될수록 자기 대오를 더욱 결속할 것"이라며 '전 주민의 혁명화, 노동 계급화 방침'을 제기하고 전 당과 인민이 "하나의 사상 의지로 당의 주위에 굳게 단결할 것"을 강조했다.

집단적 지도 체계에서 유일 지도 체계로의 변화

이제 북은 '수령'인 김일성 주석이 제시한 사상과 의도를 중심으로 단결하는 유일 지도 체계를 강조하기 시작한다. 항일 무장 투쟁 시기, 상황이 아무리 어렵고 힘들어도 김일성 장군을 중심으로 단결하여 승리했던 경험은 인민들이 유일 지도 체제를 자연스럽게 흡수하도록 만드는 배경이 되었다.

자력갱생, 간고분투의 정신, 어떠한 역경 속에서도 패배주의와 동요를 모르는 낙관주의 정신, 불굴의 혁명 정신이 강조되는 사회 분위기 속에서 김일성주의 혁명투사가 되지 않으면 자기 운명을 스스로 책임지고 개척할 수 없다는 인식이 전 인민들에게 퍼져나갔다. 마르크스-레닌을 따르는 사람들을 '마르크스주의자'

라고 하듯이 북녘에는 '김일성주의자'로 불리기를 바라는 사람들
이 많이 생겨났다.

유일 지도 체계가 원만히 보장되려면 후계 구도가 미리 안정화
되어야만 했다. 서로 2인자를 자처하며 차기 권력을 차지하려는
경쟁과 파벌을 막을 수 있기 때문이다.

김정숙 사망 이후 김일성 주석의 두 번째 부인 김성애가 1969년
여성연맹 위원장이 되면서 일으킨 치맛바람, 또 1967년 갑산파 사
건 등은 차기 계승을 둘러싼 문제였다. 하루빨리 차기 계승자를 정
리하지 않으면 당내 통일 단결도 흔들릴 지경이 되었다.

조선로동당의 차기 계승자는 당내의 훈련과 검증을 거쳐 추대
된다. 국가권력은 인민의 선거로 선출하지만, 혁명의 지휘 부대
인 조선로동당의 최고지도자는 당내에서의 검증 절차를 거쳐 추
대된다.

북은 1960년대 중반 차기 계승자가 될 인물을 물색하기 시작
했고, 그 첫 번째 기준은 김일성주의를 신념화하고, 김일성주의를
전파하는 데 가장 큰 공을 세운 인물이어야 했다. 유일사상 체계
의 정립이 당시 북의 자주적인 건설과 발전을 위한 핵심적인 의
제였기 때문이다.

유일사상 체계의 확립과
계승 문제
(1970년대)

김정일의 성장과 선전선동에서의 공적

김정일 국방위원장의 어머니 김정숙은 김일성 주석과 함께 항일 무장투쟁을 해온 여성 전사였다. 김정숙은 김일성 주석에 대한 충실성이 대단했으며, 함께 풍찬노숙의 길을 걸어온 조선인민혁명군의 전우들을 세심하게 보살펴주는 어머니 같은 존재였다.

김정숙은 김정일이 여덟 살 때 사망하는데 마지막으로 동지들의 손을 잡고 "정일이를 잘 길러 장군님을 받들어 빨치산의 혁명 위업을 대를 이어 꽃피워나가는 열렬한 혁명가로 키워달라."고 유언한 후 눈을 감았다.

김책, 김일, 최용건 등은 김정숙의 영구 앞에서 "동지적 의리로 유언을 지켜 훌륭한 공산주의 혁명가, 혁명 위업의 계승자, 후계자로 키우겠다."고 맹세했다.

김정일은 아버지 전사들의 품에서 자라나며 지도자를 믿고 따르는 순결한 마음을 배우며 자라났다.

1960년 9월, 김일성종합대학에 입학한 청년 김정일은 이듬해 당생활을 시작했다. 당생활이란 조선로동당의 정책을 학습하고, 사회주의 혁명 운동을 하는 생활이다.

조선로동당 정치위원회 상무위원회는 지도교수들에게 김정일의 학업을 수시로 보고받고 잘 가르치도록 교수들의 활동을 격려해주었다. 김정일은 대학 4년 동안 전문적 지식뿐 아니라 아버지의 사상, 이론을 체계적으로 습득했으며 아버지를 따라 '현지지도'에 동행하면서 실물경제를 배웠다.

그는 대학 졸업 후 조선로동당 조직지도부 중앙지도과를 거치면서 1967년 '4.15 문예창작단'과 1968년 '백두산 문학창작단'을 만들었다. 이들 창작단의 가장 대표적인 작품은 총서《불멸의 역사》시리즈이다. 총서《불멸의 역사》는 '수령의 형상화'를 몇 편의 개별 장편소설 혹은 전기, 연대기식이 아니라 방대한 규모로 전일성과 체계성을 갖춘 총서 형식의 대서사시로 그렸다.

이러한 성과에 힘입어 김정일은 1968년 조선로동당 중앙위원회 선전선동부 문화예술지도 과장이 되었다. 문화예술지도 과장이 되었다는 것은 당의 사상을 문화예술을 통하여 구현하는 책임을 맡게 되었다는 의미이다. 우리나라 언론에서는 김정일 국방위원장이 한때 영화광이었다고 하는데 그의 영화 활동은 공적인 일이었다.

김정일 국방위원장은 1969년부터 평양대극장과 조선영화촬영소에서 살다시피 하면서 작가와 영화인들을 독려하여 항일 무장투쟁 시기 전사들의 모습과 혁명 전통을 〈피바다〉, 〈한 자위단원의 운명〉, 〈밀림아 이야기하라〉 등의 영화로 제작했다.

그는 '김일성주의'를 형상화하고 대중화 사업에 큰 공훈을 세워 1970년 조선로동당 선전선동부 부부장직을 맡게 되었다. 이후 조선로동당의 양대 핵심 부서인 선전선동부와 조직지도부를 관장하며 1970년대 초 이미 강력한 영향력을 행사했다.

김정일 국방위원장은 김일성 주석의 권위에 직접 관련된 문제나 조선로동당의 역사적 의의를 부각하는 문제는 거의 독자적으로 처리했다. 이 무렵 문화예술 관계자 사이에서 '영명한 지도자', '친애하는 지도자'라는 호칭이 나오기 시작했다. 문화예술에서 시작된 김정일 국방위원장의 업적은 사상사업 부문으로 확대된다.

3대혁명소조 운동과 3대혁명 붉은기 쟁취 운동

'3대혁명 붉은기 쟁취 운동'은 1973년부터 북에서 전개된 대중 운동이다. '3대혁명'이란 김일성 주석이 제시한 사회주의 건설의 총노선인 '기술혁명, 사상혁명, 문화혁명'을 가리키는데, 김정일 국방위원장은 이를 3대혁명소조 운동과 3대혁명 붉은기 쟁취 운동으로 발전시켜 북의 사회주의 건설 총노선을 실현하는 데 결정적 공로를 세웠다.

이 3대혁명과 3대혁명소조 운동 그리고 3대혁명 붉은기 쟁취 운동은 무엇이며 왜 제기되었을까?

당시 사회주의 국가들 사이에서는 여러 갈래의 사회주의 경제 발전 노선이 나타나기 시작했다. 소련의 흐루쇼프는 1959년에는 미국을 방문하는 등 자본주의와 평화 공존을 추구하였고, 1963년에는 리베르만 방식을 경제에 도입하며 수정주의 노선을 걸었다. 리베르만 방식이란 사회주의에서 경제 성장이 둔화하자 공장별, 노동자별 이윤의 크기에 따라 보상금을 주는 제도이다. 일시적으로는 생산성이 향상했지만 사회주의의 뿌리인 노동자의 단결을 저해하는 결과를 초래했다.

이 수정주의 노선은 그 후 30년도 안 되어 사회주의의 문을 닫게 만든 결과를 초래했다. 소련 우경화는 중국 마오쩌둥의 '문화대혁명'이라는 좌경적 노선을 부채질했다. 문화대혁명은 1966년부터 3년여 동안 중국을 휩쓸었던 무산계급 혁명으로 '전근대성 문화와 새로운 공산주의 문화를 창출하자'는 정치·사회·사상·문화·개혁 운동이었다. 마오쩌둥은 학생들에게 홍위병이 되어 교사, 교장, 교수들을 '부르주아 전문가'라며 대항하는 혁명 투쟁을 벌이도록 선동했다.

홍위병의 선동으로 병원에서는 의사들이 화장실 청소를 해야 했고, 청소부들이 환자를 돌보는 어이없는 일들이 진행되었다. 홍

마오쩌둥의 어록을 들고 있는 홍위병들

북의 3대혁명 붉은기 쟁취 선구자대회의 모습

위병들은 "자본주의의 길로 가고 있다."라면서 정부와 당의 간부들을 공격했고, 1969년에 인민해방군이 질서를 회복하기 전까지 중국은 거의 무정부 상태 직전이었다.

북은 소련 및 중국과 비교해 어떤 노선을 걸었을까? 북은 소련과 달리 자본주의적 경쟁과 보상 제도를 도입하지 않았다. 또 중국과 달리 지식인들을 부르주아 전문가라고 공격하는 대신 노동자, 농민과 함께 사회주의 건설의 주력 세력으로 보고 연대하는 노선을 택했다. 그러면서 북의 사회주의 건설의 총노선으로 '3대혁명' 운동을 제기했다.

3대혁명이란 첫째, 사상혁명에서는 낡은 사상의 잔재인 개인주의, 이기주의를 버리고 공산주의적 인간으로 개조하고, 둘째, 기술혁명에서는 중노동과 경노동의 차이, 농업노동과 공업노동의 차이, 여성을 가사노동의 부담에서 해방시킨다. 셋째, 문화혁명에서는 낡은 문화적 잔재를 없애고 새로운 문화를 창조한다.

3대혁명 노선은 1960년대 이후 북이 경제 성장을 계속 이룩할 수 있었던 중요한 요인이었다. 3대혁명을 북 전체 인민들에게 고취하기 위해서는 운동을 끌고 나갈 주체가 필요했다. 김정일 국방위원장이 제기한 3대혁명소조 운동은 바로 북의 전 인민들이 3대혁명의 주체가 될 수 있도록 인도했다.

3대혁명 노선에 따라 1972년 9월, 학생과 청년당원들이 공장과 농장 등 생산 현장에 들어갔다. 3대혁명소조 운동은 천리마 운동과 비교해볼 때 정치사상적 지도와 과학기술적인 실무적 지도를 결합하는 방식으로 진행되었다는 점이 특징이다. 또 일선 간부들의 보수주의, 경험주의, 관료주의를 비롯한 낡은 사상 타파를 목적으로 하여 3대혁명의 의미와 과제를 보급했다.

옛 간부들의 기술 실무 수준을 높이고, 기술 신비주의를 타파하며, 현대적인 과학기술로 무장하기 위하여 지식 청년들을 광범위하게 생산 현장으로 투입함으로써 경제가 비약적으로 발전했다.

김정일 국방위원장은 3년 뒤인 1975년부터 '3대혁명 붉은기 쟁취 운동'을 구상했다. 이 운동은 사상 · 기술 · 문화의 3대혁명 수행과 대중 운동을 유기적으로 결합했다.

3대혁명 기념탑

3대혁명 전시관

3대혁명 전시관에서 열리는 국제 상품전람회

북 전역에 퍼진 주체사상화
(1980년대)

김정일이 후계자가 된 결정적 이유

1980년 10월 10일, 조선공산당 6차 당대회가 개최되어 '온 사회의 주체사상화'를 조선 혁명의 임무로 규정했다. 이는 1970년 제5차 당대회에서 당의 공식 사상을 '주체사상'으로 정한 후 10년 만에 이루어진 일로, 1974년 2월 김정일 국방위원장이 처음으로 내걸었던 구호였다.

온 사회의 주체사상화란 사회의 모든 구성원들을 주체사상으로 무장한 '주체형의 공산주의적 인간'으로 만들고 사회 모든 분야에 주체사상을 구현하자는 뜻이다.

'주체형'이라 함은 개인 이기주의, 보수주의, 관료주의, 물질 만능주의 등의 낡은 사상 잔재를 극복하고 자주적이고 창조적인 입장을 가진다는 것을 의미하며, '공산주의적 인간'이란 개인의 이익보다는 공동체를 더 우선으로 생각하는 인간형을 나타낸다.

이날 김정일 국방위원장은 정치국, 비서국, 군사위원회 등 모든 주요 지위에 임명되어 후계자로 공식 확정되었다. 김정일 국방위원장은 김일성 사상의 권위 있는 해석자로서 유일 지도 체계 확립을 위해 더욱 본격적인 행보에 나선다.

우선 유일 지도 체계 정착을 위해 김정일 국방위원장이 했던 사상 이론적 공적을 살펴보자.

1974년 2월 25일, '당 사상사업에서 제기되는 몇 가지 기본 문제에 대하여'라는 강연을 통해 '김일성주의'를 최초로 공표했는데, 항일 혁명기 이후 '조선 혁명의 진로'를 밝히고 이끌어온 김일성의 사상, 이론, 방법의 세계사적 의의를 밝힌 것으로 평가된다. 즉 김일성 사상에 마르크스-레닌주의 못지않은 혁명사적 의미를 부여한 것이다.

주체사상을 창시하고 항일 무장투쟁 시절부터 실제 그 노선대로 이끌어온 것은 김일성 주석이었지만 마르크스-레닌주의와 다른 주체사상의 본질적 특성을 이론적으로 해명하고 체계화하며 그것을 김일성주의로까지 명명한 것은 전적으로 김정일 국방위원장의 업적이었다.

이 무렵 김정일 국방위원장은《온 사회가 김일성주의를 계승할 데 대하여》,《주체 철학의 리해에서 제기되는 몇 가지 문제에 대하여》,《당내 유일사상 체계를 확립할 데 대한 몇 가지 문제에 대하여》,《출판 보도부문에서 주체를 세우고 유일사상을 관철할 데

6차 당대회에서 김일성 주석을 보좌하는 후계자 김정일 국방위원장

대하여》, 《당 사업을 근본적으로 개선하고 온 사회의 김일성주의
화를 더욱 다그칠 데 대하여》를 출간했다.

　김정일 국방위원장은 이 사상을 전파하기 위해 중앙당의 해당
부문 담당자뿐만 아니라 도당, 군당비서, 군당 공장 기업소의 지
도원, 조직선전경제 부문 일꾼 모두를 대상으로 하여 전면적인 강
연과 토론회를 잇달아 개최했다.

　특히 1974년 말~1975년 중반까지 김정일 국방위원장은 말 그
대로 번개처럼 함경남북도, 평안남북도 심지어 양강도 산골에까
지 모습을 드러내며 유일 지도 체제 확립을 쉴 새 없이 다그쳤다.
김정일 국방위원장은 각종 회의와 강습을 주재하느라 기차, 비행

기 안에서 쪽잠을 자는 일이 잦았다고 한다.

1980년대 김정일 국방위원장이 후계자로서 공식화된 이후에도 가장 큰 공적은 북의 사상을 체계화하고 수령을 중심으로 한 일심단결의 사상 이론적 토대를 굳건히 구축한 점이다.

만일 김정일 국방위원장의 주체사상에 대한 체계적인 해석과 이론화 작업이 없었다면 오늘날 북의 모습은 외세의 간섭과 어려움 앞에서 또 어떤 선택을 했을지 궁금하다. 김일성주의가 김정일 국방위원장에 의해 제대로 된 자기 해석과 이론화 작업을 마침으로써 새로운 자주의 시대를 이끌어나가는 세계적인 사상이 될 수 있었다는 것이 북의 공식적인 평가이다.

북녘의 사회주의 전성기

1980년대는 김정일 국방위원장이 북을 실질적으로 이끌어나가는 시대였다. 1980년 6차 당대회에서 '온 사회의 주체사상화'를 선언하고 그 실현을 위해 '사상 · 기술 · 문화 3대혁명'을 견지하며 '사회주의의 완전 승리'를 당면 투쟁 과업으로 제시했다.

또 물질적 기술적 토대를 마련하고, 사회주의 경제 건설의 10대 전망 목표를 제시했다. 김정일식 통 큰 정치가 펼쳐지고 기념비적 건축물이 들어섰다. 1980년대 중반까지 북 경제는 활력을 잃지 않았다.

1960~1970년대 남북의 1인당 GNP 비교

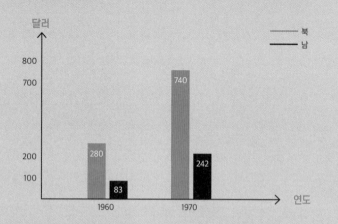

1980년대 김정일 주도로 건설된 주요 건설물

평양산원	1980년 3월	대안중기계종합 공장	1980년 9월
회령 그라프트지 공장	1980년 6월	평양 합성가죽공장	1980년 10월
주체사상탑	1982년 4월	개선문	1982년 4월
김일성 경기장	1982년 4월	인민대학습당	1982년 4월
빙상관	1982년 4월	청류관	1982년 4월
대동강 발전소	1983년 7월	만수대 의사당	1984년 10월
고려호텔	1984년	서해갑문	1986년 6월
류경호텔	1987년 시작~	5.1경기장	1989년 5월
만경대학생소년 궁전	1989년 5월	상원시멘트연합기 업소	1989년 4월

무너지는 사회주의 앞에
홀로 선 북의 운명
(1990년대)

무너지는 주변 사회주의

북이 의지하던 사회주의적 국제 환경은 이미 무너져내리고 있었다. 1970년대 중후반부터 동유럽 사회주의권은 경제 발전 한계가 노정路程되며 새로운 방법을 모색하기 시작하더니 1980년대 후반~1990년대 초반에 완전히 무너져내렸다.

아직 자립적 민족경제를 완전히 달성하지 못한 북으로서는 사회주의 국가와의 무역과 경제 협력이 없는 조건에서 엄청난 시련에 부딪혔다. 러시아는 원유 가격을 인상했고, 종래의 구상무역이 아닌 달러화 결제를 요구했다. 이런 상황에서 북은 원유를 구할 수 없었다. 그러자 원유에서 나오는 비료 생산이 가로막히고, 농업 부문이 정체되어 식량 위기가 가속화되기 시작했다.

북은 처음부터 자립적 민족경제를 계획했다고 하는데 이때 부딪힌 한계는 무엇일까?

북이은 자립경제를 완벽하게 운용하기에는 당시 내부적 약점을 극복할 수 없었다. 즉 석탄을 많이 보유하고 있었으나 원유 등 주요 에너지 자원이 없었고, 경지 면적이 좁아 식량 생산에 어려움이 많았다. 기술 수준도 낮고 자본도 부족한 상황에서 경제 건설이 진행되었기 때문에 1970년대까지 경제 건설을 통해 자립경제를 구축하는 데는 일단 성공했으나 부족한 에너지 원료와 기계 설비를 북 내부의 자원으로 대체하여 생산할 만한 과학기술력을 갖추지 못했다.

또 당시 북의 중요 사업은 국내 수요를 중심으로 구성되었기 때문에 무역수지를 올릴 수 있는 수출은 주로 광물 같은 1차 원자재뿐이었다. 그런데 1970년대 이후 국제적으로 1차 원자재 가격이 하락함에 따라 북 경제는 수입이 초과되어 대외 채무가 누적되고 국가신용이 추락했다. 북은 이러한 문제들을 해결하기 위해 1984년부터 합영법을 도입하는 등 나름대로 노력을 기울였으나 미국의 대북 제재가 계속됨으로써 실효를 거두지 못했다.

1950년 6월 28일부터 미국은 북에 대해 수출통제법을 적용해 대북 경제 제재를 시작했다. 6개월 뒤인 1951년 1월에는 북을 적성국 교역법 적용 대상에 포함시켰으며 해외 자산통제 규정으로 미국 내의 북 자산을 동결하고 무역 및 금융 거래를 전면 금지했다. 이는 미국 동맹권의 대북 압박 참여로 이어졌다.

1988년 KAL기 폭파 사건을 빌미로 북을 테러지원국으로 지정했다가 2000년대 들어와서 해제했지만, 미국의 대북 압박은 지금도 계속되고 있다. 미국이 세계의 돈줄을 쥐락펴락하는 상황에서 대북 제재 압박 동참 요구를 거부할 수 있는 국가는 거의 없다.

이런 상황이니 북이 1970년대에 대외 개방을 하기 위해 합영법을 만들어도 효과가 없었다. 싱가포르 북미 정상회담 이후에는 좀 나아지기를 기대했지만 오히려 나날이 가중되어 남북 관계에서 개성공단이나 금강산 관광도 열리지 못하게 우리 정부에 각종 압력을 가하는 상황이다.

미국이 세계를 지배하는 힘에는 핵무기와 경제력 외에도 해양 지배력이 있다. 북이 해양으로 나가는 길은 기본적으로 미국에 의해 차단되어있다. 물론 중국 해안을 따라 이동하는 길은 열려있지만, 동북아시아에서 태평양이나 동남아시아로 가려면 타이완-오키나와-일본을 지나지 않으면 안 된다. 이들 지역은 모두 미국의 영향권에 있고, 바닷길이 세계 무역을 주도하는 상황에서 미국의 대북 경제 봉쇄의 힘은 엄청나다.

또 북 경제가 어려움에 빠지게 된 요인에는 과중한 국방비 문제가 있다. 북의 공식적인 예산을 보더라도 국민총생산에서 국방비가 차지하는 비율이 보통 15~22퍼센트 사이였다. 정보기관들은 1980년대에 북이 사실상 30퍼센트 이상을 국방비로 사용했을 것으로 추정한다.

한미일 동맹과 최전선에서 대치하고 있는 상황에서 자위적 국방력을 포기할 수 없었던 북의 경제는 구조적인 질곡에 빠질 수밖에 없었다. 북이 핵무력 완성을 선언한 후 경제 집중 노선으로 간다고 하니 북의 경제 발전에도 큰 도움이 될 것으로 예측된다.

요약하자면 북은 사회주의권의 갑작스러운 붕괴에 따른 대외 무역 관계의 와해, 당시의 자립적 민족경제 노선의 내적 한계, 분단과 군사적 대치로 인한 국방비의 과다 지출, 미국의 계속되는 경제 봉쇄와 적대 정책 등으로 인해 1980년대 중반 이후 근본적인 한계에 부딪쳤으며 1990년대 중반부터 위기 국면으로 들어섰다.

김일성 주석의 사망

1994년 7월 8일, 김일성 주석이 과로와 심근경색으로 서거했다. 김일성 주석은 6월 평양을 방문한 카터 전 미국 대통령과 두 차례의 회담을 했으며, 7월 6일에는 경제 부문 책임일꾼 협의회를 주재하고, 북 경제에 대한 대책을 제시했다. 갑작스러운 김일성 주석의 사망에 북 인민들은 자기 아버지가 죽은 것보다도 더 슬퍼했다.

김정일 국방위원장은 "슬픔을 힘과 용기로 전환시키자!", "김일성 주석이 다하지 못한 위업을 계승하겠다."는 다짐을 하며 3년 동안 조선로동당 총비서직을 승계하지 않은 채 김일성 주석의 유훈을 관철하는 데 총력을 기울였다.

절대 권력자가 사망하면 장례가 끝나기도 전에 다음 권력자를 옹립하여 정권을 안정화시키는 것이 권력의 속성이다. 그런데 김정일 국방위원장은 권력을 이어받는 것보다 인민들이 지도자를 잃은 슬픔을 용기로 전환시키며, 김일성 주석의 뜻을 계승하는 데 매진하는 것을 선택했다.

미국은 김일성 주석의 사망을 북 정부 멸망의 신호라고 간주하며 국제적 대북 압박에 총력을 기울였다. 동유럽 사회주의권이 몰락한 후 미국을 비롯한 국제 사회는 김일성 주석 혼자서 사회주의를 지킨다는 것이 가소로웠을 것이다. 그 김일성 주석마저 사망했으니 북녘은 3일, 30일, 늦어도 3개월 내로 망한다는 소문이 파다했다.

고난의 행군과 식량난

설상가상으로 1995년에 닥친 대홍수는 북 전역에 돌이킬 수 없는 피해를 주었다. 현장을 둘러본 재미 언론인 문명자 씨의 취재기를 보면 당시의 피해 상황을 짐작할 수 있다.

4일 동안 집중적 폭우로 재령평야는 바다가 되고, 둑이 넘어져서 산사태가 일어난 연백평야는 곡식이 전멸되었다. 황해북도에서만 다리 180여 개와 살림집 1만 9,968세대가 파손되었고, 인민학교도 흔적도 없이 떠내려가 버렸다.

복구도 제대로 되지 않은 상태에서 1996년 다시 홍수가 몰아쳤다. 한 해 전에 내린 비보다는 작았지만 식량 생산에는 엄청난 타격이었다.

북은 심각한 고통에 직면했다. 사회주의 계획경제의 근본인 식량 배급 체계가 무너졌으며 자강도 일부에서는 식량 배급이 완전히 끊어졌다. 아사자가 생겨나고, 북중 국경지대에는 식량을 구하러 주민들이 몰려들었다. 어린이와 노인들을 비롯한 노약자들의 고통이 특히 심각했고 굶어 죽는 사람들도 많이 생겨났다.

북은 국제기구를 비롯해 한국과 일본, 미국에도 식량 지원을 요청했지만 사회주의를 고수하는 북을 미국이 두고만 보고 있을 리 없다. 이 기회에 북을 더욱 위기로 몰아 사회주의를 포기하고 자본시장을 연다는 백기 항복을 받아내거나 북 스스로 무너지기를 기다리며 호시탐탐 군사적 공격을 준비했다.

또 미국의 눈치를 볼 수밖에 없는 국제 사회의 분위기도 냉담했다. 베트남이 미국과 전쟁을 치르던 1960년대 후반, 북은 전투기와 조종사를 수없이 베트남에 보내주었지만 베트남은 북의 식량 지원 요청을 미국의 눈치를 보며 거절했다. 남녘의 대북 지원을 위한 시민 모금도 온갖 공안 수사와 탄압에 시달려야 했다. 김영삼 정부도 얼마간의 식량 지원을 서둘렀지만 보수 언론이 주도하는 국민 여론이 나빠 실질적 도움이 되긴 힘들었다.

북은 내부적으로는 1996년을 '고난의 행군의 해'로 정하고 난관을 이겨내겠다는 의지를 다졌다. '고난의 행군'이란 김일성과 항일유격대가 일본 관동군을 꼬리에 달고 유인하며 1938년 11월 ~1939년 2월까지 몽강현 남패자에서 장백현 북대정자까지 보통 행군 속도로 1주일이면 가는 거리를 무려 100일이나 걸려 행군했던 역사적 사건을 말한다.

혹한과 굶주림 속에서도 예정했던 목적지에 다다름으로써 승리했던 투혼을 되살려 현재의 식량난을 이겨내자는 결의였다. 김정일 국방위원장은 이때 '고난의 행군'과 '붉은기 사상'을 강조하며 극복해나가자고 호소했다.

오늘을 위한 오늘을 살지 말고 내일을 위한 오늘을 살자

우리가 그런 어려움에 빠졌다면 어떤 선택을 했을까? 1997년 12월에 터진 IMF 사태만 보아도 경제적 혼란에 빠진 나라가 얼마나 큰 혼란에 허둥거리는지 조금이나마 짐작해볼 수 있다.

북 인민들은 어떤 선택을 했을까? 얼마 전 탈북자 김련희 씨가 출연한 유튜브를 보니 그 당시 북중 접경 지역 브로커들은 공장의 기계부품이나 소의 꼬리를 잘라 오면 돈을 넉넉하게 쳐주었다고 한다. 그 이유는 북 농사의 유일한 동력인 소의 꼬리를 잘라버려 소가 힘을 쓰지 못하게 하기 위해서였다고 한다. 식량을 조금 주고, 북 경제를 회생불능으로 만들려는 음모가 얼마나 치열했는지를 짐작할 수 있는 대목이다.

북 인민들에게는 두 가지 길이 있었다. 중국으로 나가서 돈을 벌거나 아니면 마을과 공장 전체가 똘똘 뭉쳐 북 경제를 살리는 길이었다. 전자는 개인적인 해결 방법이었고, 후자는 집단적인 해결 방법이었다. 전자의 길, 즉 중국으로 돈벌이를 나간 사람 중 일부는 돈을 벌어 식구들을 도울 수 있었다. 굶어 죽어가는 자식들을 두고 볼 수 없어 공장 기계를 뜯어다가 국경에 나와 파는 사람들도 많았다. 그들 중 일부는 브로커의 회유에 빠져 탈북의 길을 선택했다. 지금 남쪽에 와있는 탈북자의 대다수는 고난의 행군 당시 중국에 나와 돈을 벌려던 사람들이다.

한국에서는 돈을 벌기 쉽고, 또 탈북민에게 정착지원금을 준다는 말에 한국행을 택했던 그들은 한국 사회에 정착해 살지만 고향을 버리고 왔다는 미안함, 조선족이나 탈북자들을 달가워하지 않는 우리 사회의 풍토 등으로 마음에 상처가 깊다. 이들은 결국 개별적으로 자본주의의 노예가 될 것이며 북으로 되돌아갈 수 없다.

후자의 길을 택한 인민들은 배고픔을 견디며 단결하여 경제 회생의 길을 찾았다. 김일성 장군이 '고난의 행군'을 선포한 1938년에도 그러했듯이 지도자를 믿고 사즉생의 각오로 투쟁하여 경제를 다시 살리기 위해 노력했다.

그들은 한 줌의 식량도 서로 양보하며 산골 구석구석 중소형발전소를 건설하여 전기를 생산했다. 비료가 부족해도 한 알의 낟알이라도 더 많이 재배하기 위하여 악착같이 달라붙었다.

북 인민들은 배급도 주지 못하는 지도자를 욕하지 않았다. 오히려 대북 인도적 식량 지원마저도 방해하며 인민들이 정권을 엎어 버리고 튕겨 나오기를 종용하는 자본주의 미국에 분노했으며, 선 군정치로 맞싸우는 지도자에게 더욱 큰 믿음을 주었다.

우리나라의 보수 언론들은 선군정치를 비웃으며 "먹고 사는 것 도 절망적인데, 웬 핵 개발과 선군정치냐?"고 했지만 북 인민들 에게 미국의 경제 제재와 핵 위협은 두 가지 모두 북을 멸망시키 려는 의도이며 자주국방과 자력갱생은 분리할 수 없는 하나의 길 이라고 믿었다.

평양-남포 청년영웅도로 건설

나는 2001년 '평양-남포 청년영웅도로' 완공 직후 북에 가본 적이 있다. 이 도로는 1998년 중반부터 2000년 초반까지 1년 6개 월에 걸쳐 건설한 10차선 고속도로이다.

북은 고난의 행군을 마감하고 남포항과 평양을 잇는 물류수송 도로가 필요했던 것 같다. 북 안내원이 이 도로를 '청년영웅도로' 라고 부르는 이유를 말해주었다. 5만 명의 청년들이 자원하여 완 성한 공사이기 때문이라는데, 며칠 뒤 청년중앙회관에서 이 공사 의 기록화 전시회를 보고 왜 청년영웅도로라고 하는지 알게 되 었다.

청년영웅도로 건설 장면 기록화

청년영웅도로

자주적으로 닦은
경제 활성화의 기반
(2000년대)

북의 경제가 회복된 이유

2000년을 전후로 북 경제는 다시 상승곡선을 그리기 시작했다. 곧 망할 것 같던 북이 어떻게 기사회생의 길을 걷기 시작했을까? 우리는 누구나 붕괴 상태에 빠진 경제가 다시 살아나려면 외부의 자본과 기술이 필요하다고 생각하는데, 개혁 개방을 하지 않고 선군정치만 외치던 북이 어떻게 살아날 수 있었는지 참 의아하다.

사실 그동안 북에 자본과 기술이 들어갈 수 없도록 미국이 얼마나 북을 철저히 봉쇄했는지 사람들은 잘 모른다. 우리나라도 미국의 대북 봉쇄에 동참하기는 마찬가지였다. 북 동포들의 어려움을 헤아려 푼돈이라도 모아 대북 지원을 하려는 단체는 늘어났지만 김대중 · 노무현 정부 시절에도 민간단체의 인도적 지원을 중단해버린 적이 한두 번이 아니다. 쌀은 물론 밀가루, 콩기름마저도 군대 식량으로 전환된다면서 보수 언론은 온갖 시비를 걸었고, 그때마다 정부는 위축되어 인도 지원의 범위와 품목을 점점 더 까다롭게 제한했다.

'퍼주기 논쟁'은 지금도 귀가 아플 정도로 시끄럽다. 2009년 우리나라는 세계 12위의 경제 대국으로 성장했다. 그러나 그때까지 남북협력기금의 1년 사용액 평균이 남쪽 인구 1인당 짜장면 한 그릇 정도의 값이라는 보고서가 있을 정도로 실제 지원은 미미했다.

그나마 간신히 이어지던 민간의 대북 지원도 이명박 정부 시절부터 전면 중단되었고, 금강산 관광마저 중단시켰다. 박근혜 정부 시절에는 중소기업인들의 희망이었던 개성공단에서도 철수를 강제할 정도로 대북 경제 봉쇄는 철저하고 지독했다.

최근 언론을 통해 공개된 평양을 보고 북녘 사람들의 살림살이가 나아졌다는 사실에 놀라면서도 비결이 무엇인지 도무지 알 수 없다고 고개를 갸웃거린다.

그렇다면 자본과 기술 도입이 불가능했는데 북은 어떻게 경제를 되살릴 수 있었을까? 북은 경제를 되살리기 위해 농업 생산의 정상화, 에너지난의 해결, 중요 기간산업 공장 가동의 정상화를 선결적으로 해결해야만 했다.

부족한 식량 문제 해결

고난의 행군 당시 농업 생산을 가로막은 요인은 물과 비료, 농기계 문제였다. 북은 먼저 농사에 가장 절실한 물 문제를 해결하기 위해 대규모 토지정리 사업과 자연흐름식 관개 공사를 대대적으로 벌여나갔다. 강원도 토지정리 사업을 시작으로 전국 각지의 토지정리 사업을 추진하였고, 개천-태성호 자연흐름식 물길 공사를 시작으로 많은 자연흐름식 물길을 만들어 전기 같은 별도의 에너지 동력에 의하지 않고도 물 문제를 해결할 방법을 만들어냈다.

비료 문제를 해결하기 위해 원유가 아닌 석탄으로 비료 생산 공정을 바꿨다. 자기 나라의 원료와 자체 기술로 비료를 생산해 낸다는 의미에서 '주체비료'라고 부른다.

남흥청년화학연합기업소와 흥남비료연합기업소는 종래의 석유에서 추출한 나프타를 원료로 비료를 생산하던 방식을 버리고, 석탄을 고온 연소시켜 가스를 발생시키고 이 석탄가스에서 나오는 수소를 질소에 결합시키는 방식으로 비료를 생산해냈다. 이처럼 물과 비료를 해결하자 농업 생산력이 점차적으로 회복되었다.

이렇게 해서 2010년부터는 기본적인 식량 문제가 해결되었다.

에너지와 공장 가동의 정상화

북은 에너지와 공장 가동의 정상화를 위해서도 심혈을 기울였다. 모든 산업의 기초가 되는 전력 생산, 철강재 생산, 석탄 생산, 시멘트 생산과 철도운수 부문의 산업들이 점차 회복되었다.

전력 문제를 해결하기 위해 중소형 수력발전소를 대대적으로 건설하는 한편 대규모 수력발전소 건설을 확대해나갔다. 화력발전소도 중유 대신 석탄가스화를 기초로 한 전력 생산 방식으로 바꾸었다.

천리마제강연합기업소, 김책제철연합기업소, 황해제철연합기업소, 성진제강연합기업소에서는 코크스를 주원료로 하는 기존의 철 생산 방식을 석탄가스화를 토대로 한 고온 공기 연소 방식의 철 생산 방식으로 교체하는 데 성공했다. 이것을 북에서는 '주체철'이라고 부른다. 즉 수입에 의존했던 생산 공정과 연료를 모두 자체 생산에 기초한 방식으로 바꾼 것이다.

북에서는 이러한 경제 회생 방식을 과학기술을 통한 '자력갱생 노선'이라고 부른다. 그리고 이것의 상징은 CNC(자동 수치제어 공작기계 생산 시스템)로 대표된다. 북은 이처럼 자체의 기술력에 기초해 자력갱생 방식으로 전 산업을 점차 정상화해나가면서 최악의 경제난을 극복하고 경제 활성화 시대를 열었다.

경제 강국으로 나아가는
김정은 시대
(2010년대)

자기 땅에 발을 붙이고 눈은 세계를 보라

김정일 시대를 상징하는 구호는 "가는 길 험난해도 웃으며 가자." 혹은 "오늘을 위한 오늘을 살지 말고, 내일을 위한 오늘을 살자."라고 할 수 있다. 시련과 난관이 있어도 주저하지도 동요하지도 않고 혁명적 낙관주의 정신으로 정신 무장하고 일하자는 뜻이다.

김정은 시대의 변화와 방향은 한마디로 "자기 땅에 발을 붙이고 눈은 세계를 보라."라는 말로 집약된다. 이 표현은 2009년 김정일 국방위원장이 한 말이지만 사실상 김정은 시대를 염두에 둔 것이라고 볼 수 있다.

북의 설명에 따르면 이 구호의 의미는 '제정신을 가지고 제힘으로 일어서면서도 배울 것은 배우고 받아들일 것은 실정에 맞게 받아들이며, 모든 것을 세계 최첨단 수준으로 발전시켜나가는 것'이라고 한다.

이 변화의 의미를 이해하려면 우선 북의 '핵무력 완성 선언'부터 짚어보아야 한다. 북이 핵무력 완성을 선언한 것은 2017년 11월 '화성-15형' 대륙간 탄도미사일 ICBM을 발사하고 난 뒤였지만 실제 2009년 5월, 2차 핵실험의 성공을 통해 '핵보유국'의 지위를 획득하면서 미국의 핵 위협에서 벗어났다고 판단한다.

핵을 가진 국가를 핵으로 공격할 수 없다는 상식은 이제 미국과의 평화 공존을 위한 협상이 가능하다는 생각으로 귀결되었고, 본격적으로 경제 건설에 매진할 수 있는 배경이기도 했다.

그러나 2018년 북미 싱가포르 회담과 2019년 하노이 회담에서 협상이 결렬된 후 2020년 김정은 위원장은 미국이 실제 북과 평화 협상을 할 의사가 없다는 것이 확인되었으므로 자력갱생으로 대북 제재를 돌파하고 사회주의 강국을 만든다는 것을 선언했다.

인민대중 제일주의

김정은 시대를 이해하려면 그가 강조하는 '당의 유일적 영도 체계 확립'과 '당 조직들의 기능과 역할 강화'가 무엇인지 이해해야 한다. 그것은 당 중앙의 유일적 영도 아래 하나와 같이 움직이는 혁명적 규율과 질서를 엄격히 세우는 것과 간부들의 낡은 사상 관점과 뒤떨어진 사업 기풍, 일본새를 바꾸는 것이다.

김정일 시대와 김정은 시대를 상징하는 두 가지 구호

김정은 위원장은 "일꾼을 위하여 인민이 있는 것이 아니라 인민을 위하여 일꾼이 있다."면서 간부들에게 인민을 위하여 자기의 모든 것을 바칠 것을 주문했다.

2012년 12월, 내가 평양을 방문했을 때는 김정은 위원장이 당의 일꾼들에게 했다는 "심부름꾼이 되지 말고 시중꾼이 되어라."라는 말이 유행이었다. 심부름꾼과 시중꾼의 차이가 무엇이냐고 묻자 북의 대답이 인상적이었다.

"사회주의 정당의 책임자를 당 비서라고 하지 않습니까? 당 비서란 누구를 위해 복무하는 사람이겠습니까? 바로 인민을 위해서란 말입니다. 우리 원수님께서는 당 일꾼은 인민들이 시키는 일이나 하는 심부름꾼이 아니라 인민이 말로 요구하지 않아도 마음을 제대로 깊이 헤아려서 미리 대책을 내놓은 일꾼을 인민의 시중꾼이라고 합니다."

실제 2012년 5월 초, 김정은 위원장은 평양의 놀이공원인 만경대 유희장을 현지 지도하면서 작심한 듯 관리 일꾼들의 잘못을 조목조목 지적했다. 직접 보도블록 사이에 난 잡초를 뽑은 후 "만경대 유희장은 인민들이 이용하는 곳인데 이렇게 방치해놓고 양심의 가책을 받지 않고, 가슴 아파하지 않는 일꾼, 인민들을 귀하게 여길 줄 모르는 일꾼들이 1,000만 명이 있은들 무슨 필요가 있는가."라고 질타했다.

로동신문도 사설을 통해 "만경대 유희장에 대한 현지 지도는 우리 일꾼들 속에 남아있는 낡은 사상 관점과 낡은 일본새에 종

만경대 유희장에서 잡초를 뽑는 김정은 위원장

물고기를 인민들에게 나눠주기 위한 수산사업소 시철 모습

지부를 찍고, 모든 일꾼들이 인민의 복무자로서의 숭고한 사명과 본분을 훌륭히 수행해나가도록 하는 데서 전환적 계기로 된다." 고 강조했다.

2013년 1월, 제4차 당 비서대회에서 김정은 위원장은 세도와 관료주의를 척결하지 않는 한 혁명 발전의 요구에 맞게 당의 유일적 영도 체계를 더욱 철저히 세우는 일은 어렵다는 연설을 했다.

그동안 북의 "당이 결심하면 우리는 한다."는 구호를 보면서 당의 관료주의와 독재가 엄청날 것이라고 생각하는 사람들이 많았다. 그런데 정말 시중꾼처럼 인민을 위해 헌신하는 당과 당 일꾼이라면 인민들의 지지는 자발적으로 우러나올 것 같다.

사회주의 강성국가

김정은 위원장의 가장 인상적이었던 모습 중 하나는 한반도 비핵화와 평화를 이룩하겠다며 트럼프와 당당하게 협상하는 모습일 것이다. 북미 협상은 앞으로 몇 번의 고비를 더 넘겨야 하겠지만 한반도에 평화를 마련하고 핵 무력 완성에 집중했던 모든 힘을 경제 발전에 집중하겠다는 김정은 위원장의 결심은 확고해 보인다.

북미 간의 협상이 교착 상태에 빠진 이후 김정은 위원장은 2019년 12월 말에 열린 조선로동당 7기 제5차 중앙위원회 전원

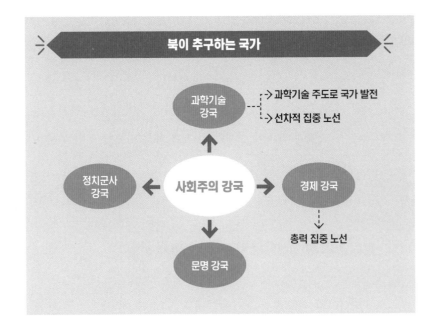

북이 추구하는 국가

과학기술
강국
--> 과학기술 주도로 국가 발전
--> 선차적 집중 노선

정치군사
강국
<-- 사회주의 강국 --> 경제 강국
--> 총력 집중 노선

문명 강국

회의를 통하여 "더 이상의 미국과의 협상에 매이지 않고, 자력갱
생을 통하여 부강한 나라를 만들어야 한다."고 선언하였다.

미국의 대북 제재는 앞으로도 계속될 것이므로 북이 경제 강국
이 되는 것으로 미국의 탄압을 무력화하겠다는 의미라고 해석할
수 있다. 김정은 위원장이 말하는 경제 발전 집중 노선은 '이미 달
성한 정치 · 군사 강국만이 아니라 과학기술, 경제, 문명 등에서도
사회주의 강국을 이룩하겠다.'라는 뜻으로, 이는 중국식 모델이나
베트남 모델처럼 개혁 개방과 시장경제로 나아가겠다는 말이 아
니다. 그런데 미국의 대북 제재가 계속되는 지금의 조건에서 개혁

개방이 아니라면 북은 어떻게 경제 강국을 만들겠다는 것일까?

김정은 위원장은 경제 강국을 달성하기 위한 선차적인 과제로 '과학기술 강국 건설'을 주장했다. 과학기술 강국이란 나라의 전반적인 과학기술이 세계 첨단 수준에 올라선 나라이며, 과학기술의 주도적 역할에 의하여 경제와 국방, 문화를 비롯한 모든 부문이 급속히 발전하는 나라를 말한다.

북의 경제 발전 전략은 자립적 민족경제 건설

우리나라가 수출 중심 경제라면 북녘은 내수를 중심으로 한 자립적 경제 구조이다. 사람들은 북이 폐쇄적이어서 대외 무역이나 자본 도입에 소극적이라고 생각한다. 그러나 북의 무역과 자본 도입을 가로막은 것은 바로 미국의 대북 제재 정책이었다.

북도 자본주의 국가와의 교역이나 합작을 외면한 것은 아니었으며 그 반대로 자본주의 국가들과의 경제 무역 관계를 발전시키려고 부단히 애썼다. 1970년대에는 합영법을 제정하여 해외 자본가들의 투자를 적극적으로 유치하려 했다.

그러나 미국은 서방의 대북 투자를 허용하지 않았다. 1990년대에 들어와 러시아와 중국조차 미국의 대북 제재에 동참하는 상황에서 북의 선택은 두 가지 중 하나일 수밖에 없었다. 사회주의를 포기하고 굴복하느냐 아니면 사회주의를 고수하며 자립 자강의 길을 갈 것이냐.

미국을 정점으로 한 자본주의 국제 질서에 예속적으로 편입되지 않고, 자주적인 경제 교역을 전개한다는 것은 애초에 불가능한 일이었는지도 모른다.

북은 자주의 길, 자립적 민족경제를 추구하는 길을 선택했다. 그것이 쉬웠을까? 현대 산업화의 기본이며 거의 모든 화학제품의 원료인 원유 없이, 또 산업화의 모든 기술이 독점화되어 어느 하나도 공짜로 주어지지 않는 조건에서 자본주의 경제 강국 부럽지 않은 경제 건설을 한다는 것은 우리의 상식으로는 엄두가 나지 않는 일이다.

북은 1930년대 청소한(규모는 작지만, 결의와 패기가 넘친다는 뜻) 반일인민유격대로 출발하여 자신의 힘으로 해방을 이루었다는 역사적 자신감, 1960년대 사회주의 강대국인 소련의 압력을 물리치고 자립경제의 모델을 확립했던 경험과 자긍심이 강하다. 아무리 어려워도 자국의 원료를 기반으로 자국의 힘으로 부국강병을 달성하겠다고 결심했다.

북녘 자립경제의 물적 토대

북은 광물자원의 풍부하다. 2008년 북의 광물자원 규모는 약

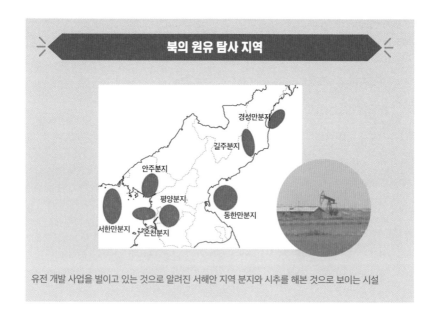

북의 원유 탐사 지역

경성만분지
길주분지
안주분지
평양분지
동한만분지
서한만분지
온천분지

유전 개발 사업을 벌이고 있는 것으로 알려진 서해안 지역 분지와 시추를 해본 것으로 보이는 시설

7,000조 원으로*, 2012년 상반기 북 지하자원의 규모는 약 1경 1,026조 원으로 추정했다.** 이는 우리나라 지하광물자원의 약 20 배에 이르는 규모이다.

북에는 철광석 · 무연탄 · 마그네사이트 · 흑연 등 총 220여 종 의 광물자원이 묻혀있고, 동 · 아연 등 경제성이 있는 광물도 20 여 종이 분포되어있다. 텅스텐 · 몰리브덴 등 희유금속과 흑연 · 동 · 마그네사이트 등의 부존량은 세계 10위권으로 추정된다.

---

* 2010년 말 한국광물자원공사

** 북한자원연구소 최경수 소장이 제출한 2012년 8월 〈북한 지하자원 잠재가치 및 생산액 추 정 보고서〉

북의 철광석은 무산광산 등 13개의 광산에 있는데 이는 세계 10위권에 육박하는 양이며 우리나라의 133배나 된다.* 특히 무산 광산은 아시아 최대 자철광 산지이며 추정 매장량 30~50억 톤의 노천 광산으로 지표에서 철광석을 실어 나르기만 하면 된다.

마그네사이트는 제철산업과 직결되는 광물이다. 다양한 용도로 쓰이며 전체의 80퍼센트 정도가 내화 재료로 사용된다. 2011년 기준 통계청 자료에 의하면 북의 마그네사이트 매장량은 60억 톤으로 추산된다. 마그네사이트가 전혀 없는 우리나라는 마그네사이트 수입량이 21만 8,853톤이다.**

북에는 전 세계 석탄 매장량 약 8,600억 톤 중 211억 톤의 석탄이 매장되어있고,*** 이는 한반도 전체 석탄의 89퍼센트에 해당되는 양이다.**** 무연탄 매장량만 따지면 북은 러시아, 중국, 우크라이나, 베트남과 함께 세계 5위권에 들어간다.

영국의 지질학자 레고는 "북에 원유와 천연가스가 존재한다는 많은 증거가 있다."고 발표했다.***** 그는 석유 및 천연가스가 매장되어있을 가능성이 큰 지역으로 평양, 재령 등 내륙 5곳과 서한만 및 동해 유역 등을 꼽았다.

---

* 2013년 북한자원연구소 보고서
** 2012년 산업통상자원부 통계 연보
*** 2013년 북한자원연구소 보고서
**** 한국산업은행
***** 석유 전문지 《지오엑스포르》, 2015년 9월

자립적 민족경제의 방향

우리나라에서는 북이 경제 발전을 하려면 엄청난 지하자원을 대량 판매할 것으로 생각하며 남북경협으로 북의 지하자원을 가져오는 방안에 관한 논의가 횡행하고 있다. 그러나 북이 경제 강국을 달성하는 기본 방향은 지하자원을 수출한다거나 우리나라의 자본을 가져오는 방식이 아니라 '새 세기 산업혁명과 지식경제 시대에 맞는 과학기술 인재 양성'이라고 한다.

북에서 추구하는 경제 개발 모델은 지식경제 강국 건설이다. 지식경제 강국이란 현대 과학기술을 원동력으로 첨단산업을 육성해 선진 지식경제 체제를 갖추고 있는 국가이다.

북에서는 이러한 방식으로 경제를 활성화하겠다는 야심찬 목표를 내세우고 있다. 이를 위해 '전민 과학기술 인재화'를 실현해 유능한 과학기술 인재들을 육성하는 데 심혈을 기울이고 있다.

11년 의무교육 제도를 12년으로 개편하는 한편 교육혁명의 구호를 내세우고 교육 현대화 사업을 독려하고 있다. 또한 첨단산업을 기둥으로 하는 인민경제의 주체화, 현대화, 과학화, 정보화를 높은 수준에서 실현하려고 분투하고 있다.

과학기술 연구와 공업기술의 발전

북녘의 지하자원은 상당하다. 금 매장량이 세계 7위, 철광석 세계 10위, 아연 세계 5위, 중석 세계 4위, 희토류 세계 6위, 마그네사이트 세계 3위, 흑연 세계 4위 등이며 텅스텐, 몰리브덴, 망간, 마그네슘 등 세계 10대 희귀 금속과 우리나라에서는 전적으로 수입에 의존하고 있는 아연, 구리, 인회석 등도 풍부하다.

우리는 거의 모든 지하자원과 원료를 수입해서 쓰는데 북은 이 무궁무진한 지하자원을 어떻게 활용하고 있을까?

북은 고열량 무연탄을 활용하여 화력발전소를 많이 건설하였으며 '석탄가스화 공법' 등 다양한 용도로 석탄을 활용하고 있다. 석탄을 높은 온도로 가열하되 산소 공급을 줄이면 메탄, 황화수소, 암모니아 등 다양한 성분이 섞인 합성가스가 발생한다. 합성가스를 정제하면 천연가스를 대체할 수 있는데 석탄을 그냥 태우는 것과 비교해 열량도 높고 환경 오염도 적어 유용하다. 또 합성가스에 들어있는 다양한 성분들을 원료로 중화학공업을 발전시킬 수도 있다.

이 석탄가스화 공법을 활용한 대표적 사례로 '주체철'과 '주체비료'가 있다. 북은 역청탄이 없어 코크스를 수입해야 했는데 이를 해결하기 위해 화력이 낮은 무연탄을 가스화했다. 무연탄을 태우면 역청탄을 사용하는 것보다 높은 온도를 얻을 수 있다.

또 합성가스의 주성분인 수소를 공기 중의 질소와 결합시켜 만든 질소비료가 '주체비료'이다. 또 원유에서 얻어지는 비닐이나 화학섬유 대신 석탄에서 뽑아내는 섬유 '비날론'은 우리나라에도 많이 알려져 있다.

이런 사례를 한두 가지 더 살펴보자. 북녘은 2019년 신년사에서 '회망초공업'을 발전시킨다고 했다. 북은 회망초를 활용하여 만든 탄산소다로 유리를 생산하며 이 과정에서 생성되는 황산암모늄은 유안비료, 석고는 시멘트 생산에 활용한다.

국제적으로는 회망초가 워낙 희귀해 소금이나 천연소다로 탄산소다를 생산하므로 회망초 가공 연구 성과가 거의 없다. 하지만 북은 회망초가 풍부하게 매장되어있다. 자체 연료로 자체 연구를 통해 공업을 일으켜야 하는 상황에서 회망초공업은 북에게 꼭 맞는 분야이다.

또 북녘은 2019년 신년사에서 '린비료' 공장 건설을 가속한다고 발표했다. '린비료'란 우리식 표기로 '인비료'이다. 식물은 성장하는 데 있어 탄소, 수소, 산소는 공기 중에서 얻을 수 있지만 질소와 인은 흙을 통해 흡수하기 때문에 비료가 필요하다. 그런데 질소비료를 많이 쓰면 땅이 산성화되기 때문에 농업 생산을 늘리려면 인비료가 중요하다.

북은 인회석 매장량이 1.5억 톤가량 된다. 이런 사정으로 린비료공업은 농업을 자력갱생의 방법으로 발전시킬 수 있는 적절한 소재로 생각하고 대대적인 연구와 생산을 서두르고 있다.

북은 지식경제 시대에 맞추어 다양한 공업 발전 연구와 개발로 자기 땅에 매장되어있는 지하자원으로 경쟁력 있는 제품을 생산하는 것 이외에도 지식경제 시대에 부응하는 '전민 과학·기술 인재화'를 추구하고 있다. 이를 위하여 종래의 생산 일꾼들이 육체노동보다 학습과 연구에 좀 더 많은 시간과 역량을 집중할 수 있도록 공장에 자동화 무인화 공정을 점차적으로 도입하고 있다.

전 인민의 열정으로 열어가는 국토개발 사업

원유 대신 석탄을 주원료로 다양한 화학공업을 일으켜 자체 자원으로 공업화를 실현하려는 북의 노력은 대단하다. 그러나 북 경제 발전을 지식경제 강국으로 가는 방법으로만 보면 안 된다. 무엇보다 자주를 내걸고 일치단결하여 자신의 힘으로 경제를 되살리겠다는 인민들의 결심이 더 중요하다. 각종 중화학공업, 대단위 개척과 건설 사업까지 외부의 자본투자 없이 자체적인 힘으로 건설하려는 초인적인 의지가 북을 경제 강국으로 이끌어가는 기본 동력이다.

앞에서 살펴본 청년영웅도로 건설 이외에도 무수한 건설과 개간 사업을 통해 북이 경제 강국을 일구려는 방식의 일단을 엿볼 수 있다. 2013년에 시작하여 2016년에 이룬 세계 최대의 목장 '세포등판' 건설 사례를 알아보자.

세포등판이라고 하면 무슨 뜻인지 선뜻 와 닿지 않는데, 이는 북 지역에 있는 강원도의 세포군, 평강군, 이천군에 달하는 방대한 규모의 평평한 산등성이를 말한다.

원래 이곳은 150만 년 전 화산 폭발로 흘러내린 화산재가 두껍게 쌓여 억새풀만 무성했던 황폐한 땅이었다. 일제강점기에도 바람이 사방팔방으로 세차게 불어 서있기도 힘든 정도였으며, 1년 치의 비가 며칠 동안 한꺼번에 쏟아져 홍수가 빈번한 지역이었다. 또 겨울에는 영하 30도까지 내려갈 정도로 추위가 혹독하여 세포군이라는 명칭이 '바람포, 눈포, 비포'를 일컫는 것이라는 말까지 있었다.

2012년 9월 22일, 당시 조선로동당 제1비서였던 김정은 국무위원장은 인민에게 고기를 풍부하게 보급하기 위하여 이곳을 축산기지로 개발하는 방침을 하달했다.

이에 따라 과학자들이 먼저 이곳에 도착하여 지역별 소규모로 나누어 온도, 토양, 전염병, 풀 건강 상태에 대한 기본 조사를 시작했다. 그들은 산성 토양을 중화하는 작업, 적합한 풀을 찾아내기 위한 연구 조사부터 시작했다.

세포등판에 관한 토질 조사와 개간의 방향이 정리된 후 전국에서 2만 명의 청년들이 자원한 청년돌격대와 세포군 인구 3만 명으로 세포등판 건설 사업을 착수했다.

세포등판 사업을 시작한 지 5년 만인 2017년 10월 27일, 세포등판 축산기지가 완공되었는데 로동신문은 "한 해에 1,000정보(300만 평)씩 개간해도 기적"이라면서 "1만 정보(3,000만 평)를 개

세포등판 건설하자는 지침에 따라 전국에서 자원하여 몰려든 청년돌격대의 공사 장면

간하는 데 10년이 걸리고, 5만 정보(1억 5,000만 평)는 50년이 걸리는 판인데 불과 5년 만에 준공하였다."고 보도하였다.

과학자, 청년돌격대, 군인들이 일심단결하여 속도전으로 큰 역사를 일으키는 사회주의 체계가 단시일 내에 현대화된 축산기지를 만들어낸 원동력이었다. 세포등판 축산기지는 동양 최대인 대관령 삼양목장의 25배, 세계 최대인 뉴질랜드의 마운트 펨버스테이션에 비해서 2배 정도 되며 서울시와 맞먹는 크기라니 얼마나 대단한 규모인지 짐작할 수 있다.

이런 방대한 벌판을 최고의 친환경 축산기지로 전변轉變시키기 위한 공정이 어떠했을지 상상도 되지 않는다.

우선 그들은 1정보당 20톤 이상 유기질비료를 뿌렸다. 니탄 매장지를 찾아내어 비료를 만들기도 하고 산성 토양을 중화시키는 소석회를 확보하려 한겨울에도 눈 덮인 험한 고개를 넘나들며 수백만 톤의 토양개량제를 생산하고 포전(채소밭)으로 날랐다.

소석회는 강한 알카리성이어서 등짐으로 계속 나르면 등에 화상을 입는다. 하루빨리 공사를 끝내 인민들에게 고기를 배불리 먹이겠다는 당의 지침에 공감하여 근로자들은 화상을 입으면서도 쉬지 않고 일을 다그쳤고, 이를 본 여성 근로자들은 눈물을 참지 못했다는 사연도 있다.

또 세포등판이 평평한 산등성이긴 하지만 그렇다고 구릉이 없는 것은 아니다. 45도가 넘는 산등성을 트랙터가 올라가지 못하자 수십 명이 트랙터에 밧줄을 걸어 끌고 올라가며 공사를 강행하기도 했다.

자본주의 사회였다면 초기 투자금이 너무 많이 들고 이윤이 보장되지 않아 불가능했을 것이다. 노동자의 신념에서 나오는 초인적인 힘이야말로 세계 최대의 목장, 세포등판 건설을 가능하게 했던 요인이다.

낙원으로 바뀐 세포등판

불모의 땅이었던 세포등판의 토질을 개량한 후 풀씨를 파종하여 가축들이 먹을 풀을 생산하였고, 7,800여만 그루의 나무를 심어 방풍림을 조성하고, 둑을 쌓아 바람막이 대책을 세웠다. 10여 개의 대형 계단식 저수지를 완공하여 수해와 가뭄 대책도 세웠다.

본격적으로 가축들이 들어오기 전 축사 건설과 함께 학교, 유치원, 탁아소, 상점, 진료소, 문화회관, 이발소, 목욕탕 등 590여 동의 생활 교육 문화 시설이 완공되었다. 영상으로 목장 상황을 관리하는 종합 생산 통제실과 세포 축산학 연구소, 수의 방역소, 농업 과학기술 선전실, 수의실, 검역 우리, 격리 우리 등도 건설되었다.

뚝감자, 어리새, 붉은 토끼풀, 알파, 호밀풀, 아달풀, 겨이사 등 가축용 풀들이 무성해지자 구역을 나누어 각 5정보(1만 5,000평)당 소 30~50마리, 양 150~200마리를 배당하고, 2020년에는 연간 1만 톤의 고기 가공품과 유제품을 생산하는 것을 목표로 축산기지를 운영하고 있다.

고기 가공공장과 사료 가공공장이 완전자동화 시스템으로 가동되며, 산을 끼고 흘러내리는 물을 이용하여 무동력 관수 체계와 신재생 에너지 공급 체계를 구축했다.

풍력발전기와 양수기를 설치하고, 가축 배설물로 메탄가스를 생산하여 전기 문제를 해결했다. 풀판 관수, 채소 온실의 수경재배, 버섯 재배, 양어, 축산을 다 같이 할 수 있는 체계를 북은 '고리형 순환생산 체계'라고 부른다.

주택에서도 메탄가스화 시설로 난방과 취사를 한다. 또 평각 고기 가공공장은 현지에서 냉동고기와 고기 통조림과 훈제품을 연간 수천 톤씩 생산한다. 유가공 제품의 원료 접수부터 제품 포장에 이르기까지 무인화, 무균화 공정을 확보했다고 한다.

세포등판은 북이 인민들의 삶의 질을 개선하려는 지도자의 결심을 받아 한마음이 되어 피눈물 나는 고생을 마다하지 않으며 건

세포등판 목장이 완성된 이후의 모습

공사 완료 후 드넓은 세포등판 초원의 모습

설한 북녘 사람들의 낙원이다.

북녘 사람들은 세포등판의 건설로 질 좋은 고기를 마음껏 먹을 수 있게 되었을 뿐 아니라 새로운 신화와 자부심을 만들어냈다. 일제로부터의 독립, 해방 이후 외세와의 투쟁에서 승리해왔다고 자부했듯이 이제 불모의 땅 세포군을 지상낙원으로 바꿈으로써 대자연과의 투쟁에서 그들이 얻은 자신감은 그 무엇으로도 바꿀 수 없는 귀중한 재산이 될 것 같다.

4장.
현대사와 함께 성장한
북녘의 문화예술

북녘 문화예술의 특징

북녘의 대중문화는 우리처럼 흥행을 중심으로 한 대중문화와 순수 문화예술이 구분되어있지 않다.

자본주의 체제의 문화 정책이 기본적으로 문화와 정치를 분리하여 순수 문화적인 측면에서 접근한다면 사회주의 체제인 북의 문화 정책은 '인민대중의 마음과 정서가 국가 정책 및 민족 정서와 잇닿아있다'고 보기 때문에 정치적인 맥락도 중요한 고려사항이다.

음악만 예를 들어도 가장 관변음악인 듯한 곡들이 대중적 인기가 있고, 남녀의 헤어짐, 슬픔을 절절히 노래하는 대중가요는 듣기 힘들다.

또 우리나라에서는 국립 오페라단이나 서울 시향이 수해 복구 현장에서 공연하는 것은 상상도 할 수 없는 일이지만, 북에서는 예술인들이 현장으로 달려가 인민들의 마음을 위로하고, 온 사회가 함께 어려움을 극복하고 있다는 희망을 준다. 이른바 '화선식 예술 선동'이라고 말하는데 피바다가극단, 국립교예단, 청년중앙 예술선전대와 여맹기동예술선동대 등이 피해 지역이나 건설 현장에서 예술 공연을 펼치는 행사이다.

우리에게 '선동'이라는 말은 가만히 있는 사람을 부추기는 일종의 바람잡이와 같은 이미지를 주는 말인데, 북은 왜 아름다운 문화예술에 '선동대'라는 말을 붙일까? 민중에게 힘을 주는 대중적인 행사에 좀 더 고상한 이름을 붙이면 좋을 듯한데 말이다.

북은 그들의 문화예술의 역사를 1927년에 시작한 '연예선전대'부터라고 보고 있다. 김일성 주석이 1927년 '조선청년공산주의자동맹'을 결성하고 만주의 무송과 각 현에 '연예선전대'를 조직하여 한 달 남짓 순회공연을 한 적이 있다. 공연의 내용은 주로 일제의 만행을 폭로하고 함께 독립운동에 나서야 한다는 메시지로, 그 지역 조선 민중들의 마음을 사로잡는 데 큰 역할을 했다.

그 뒤로 김일성 주석과 항일빨치산들은 조선 민중에 대한 모든 활동에서 문예 선전의 역할을 중시했으며 항일 무장투쟁의 전 과정에서 항일빨치산들이 기획한 문화예술은 큰 힘이 되었다.

그러면 이 시절부터 형성된 북의 문화예술에 대해 살펴보기 전에 당시 항일빨치산들의 독립운동부터 간단하게 되짚어보자.

남북이 전혀 다르게 이해하는
독립운동사

해방 전까지의 역사는 남북이 따로 존재할 수 없다. 5,000년을 함께 산 민족이기 때문이다. 그런데 남북의 역사관은 고대사에서 부터 큰 차이가 난다. 이는 역사가 E.H 카의 '역사란 과거와 현재와의 끊임없는 대화'라는 말을 생각해보면 수긍이 간다. 서로 체제가 다른 국가에서 동일한 역사적 사실을 달리 해석하는 것은 흔한 일이다.

남북은 독립운동사 또한 다르다. 현재 남북의 체제가 다르기 때문에 독립운동사의 여러 맥락 중 강조하는 부분이 다를 수 있고, 역사적 해석에서 차이가 있을 수 있다. 그러나 같은 독립운동사임에도 불구하고 우리는 왜 북이 주장하는 항일 무장투쟁에 대해서는 언급조차 하지 않을까?

우리나라의 독립운동사를 살펴보면 1930년대는 거의 빠져있다. 1930년대 초반 김구 선생이 주도한 테러가 있었고, 또 함흥 ·

홍남을 비롯한 북부 지역에서 혁명적 대중단체 운동이 있었다고 기록할 뿐 1919년 3.1운동 이후 활발하던 대중적인 독립운동에 대한 언급은 아예 사라져 버렸다. 일본의 만주 침략과 중일전쟁의 포화 속에서 강제 징용·성노예 여성들의 슬픈 이야기만 무성하고, 암흑 같은 정세에서 변절한 사람들 이야기만 들린다.

이처럼 1930년대 이후 독립운동은 지리멸렬해졌고, 결국 원자탄을 터뜨린 미국의 힘으로 우리나라가 해방이 되었다고 알고 있다.

그런데 북이 기록하는 1930년대 독립운동은 전혀 다르다. 북에서는 대중적 독립운동이 만주로 옮겨와 항일 무장투쟁으로 발전했고, 그 결과 우리 힘으로 일제를 물리치고 독립을 쟁취했다고 말한다. 또 북은 자신의 정통성은 물론 국가의 모든 정책의 근간을 항일 무장투쟁에서부터 설명한다.

여기서는 항일 무장투쟁 속에서 만들어진 문화예술 활동을 통해 그 당시 그들의 마음이 무엇이었고, 조선 민중에게 무엇을 말하고 싶었는지 살펴보고자 한다. 순수예술도 대중예술도 참여예술도 아닌 북녘 사람들만의 문화예술의 세계로 들어가보자.

조선 민중이 항일 무장투쟁의 기반이자 승리의 요인

항일빨치산들이 게릴라전만으로 일제를 타도할 수 있다고 생각한 것은 아니었다. 수십만 정규군을 게릴라전으로 몰아낼 수는 없는 일이다. 그러면 항일빨치산들은 왜 이토록 치열하게 싸웠을까? 그들은 총과 대포로 조선인을 학살하는 일본군을 물리치기 위해서는 무장으로 맞서야 한다는 엄연한 사실을 실천으로 보여주려고 했다.

민족 전체가 "무장에는 무장으로!"라는 구호를 외치며 항일 무장혁명군과 함께 독립운동에 뛰어들어 사즉생의 각오로 싸우면 일제를 물리치고 독립하여 민중의 나라를 건설할 수 있다는 사실을 전 민족에게 알리고 싶어 했다. 즉 항일빨치산은 총소리나 내며 한을 푸는 자족적 행위가 아니라 조선인 전체가 조선인민혁명군과 함께 나서자고 독려하고, 전장에서 앞장서서 싸우며 사람들을 일으켜 세운 조선 민중의 부대였다.

만주구국군 부대 오의성 대장(중국인)은 "김일성 장군을 찾으려면 만주에서 제일 총소리 높은 곳을 찾으면 된다."고 했다. 김일성 주석은 당시 만주에 있던 모든 무장 대오 중 가장 치열하게 싸우고, 매번 승리하여 일본군의 간담을 써늘하게 했던 게릴라전의 귀재였다. 또 단순히 싸움만 한 것이 아니라 늘 민중 속에 들어가 그들의 요구와 수준에 맞게 다양한 방식으로 독립운동에 참여할 수 있는 길을 열어준 민중의 벗이자 조직자로 자부했다.

항일빨치산들은 민중의 지지를 최우선으로 삼았고, 민중을 위해 복무하는 것을 가장 큰 보람으로 여겼다. 그들은 총을 마련하기 위하여 군자금을 모금한 것이 아니라 일제 군경의 총을 빼앗아 스스로 무장했다. 한 자루의 총을 구하기 위해 목숨 걸고 투쟁하며 결사 항전의 의기를 다진 것이다.

마을에 들어갈 때는 궂은일과 허드렛일을 마다하지 않고, 사람들의 친근한 벗이자 아들, 딸이 되었다. 김일성 주석이 안도 푸르허 마을에 머슴으로 들어가 겨울 우물가에서 동네 아낙들을 위해 얼음을 깨준 이야기는 조선 민중의 마음을 얻는 것을 얼마나 중요하게 생각했는지를 잘 보여준다. 항일빨치산들은 일제와의 투쟁도 중요하지만 그들의 모든 힘의 근원은 민중에게서 나온다고 생각했다.

항일 무장투쟁에서 피어난 문화예술

북녘 문화예술의 시작

일본군들이 항일빨치산과의 전투에서 패배하는 것을 보고 사람들은 신명이 났지만 그렇다고 항일빨치산들에게 선뜻 마음을 내주지는 않았다. 공산주의자에 대한 일제의 악선전이 사람들의 눈과 귀를 가렸기 때문이다. '공산주의자는 아내도 공유한다.', '공산주의에 미치면 조상도 몰라본다.' 등 총을 든 항일빨치산을 외면하게 만드는 악성 유언비어들이 난무했다.

항일빨치산들이 낯선 곳에서 일제와 전투를 치르고 마을에 들어서면 마을 사람들은 공산주의자라며 무서워하면서 숨어버렸다. 그럴 때마다 하모니카를 불면서 〈아동가〉, 〈어디까지 왔니?〉 등과 같은 노래를 부르고 춤추기 시작했다. 그러면 아이들은 '고려 홍군'이 춤을 춘다며 동네방네 뛰어다니며 소리치고 어른들도 주섬주섬 모여들기 시작했다.

중국 사람들이 많이 사는 마을에서는 중국의 민요 〈소무가〉, 〈양귀비의 노래〉 같은 서정적인 노래를, 조선인 마을에서는 〈아리랑〉을 연주했다. 민족의 한과 정서가 어린 곡을 연주할 때는 수백 명이 중주단을 에워싸고 흥에 겨워 손뼉을 치면서 환호했다.

이때 "나라와 민족을 사랑하는 조·중 인민은 모두 항일대전에 떨쳐나서야 한다."고 호소하면 사람들은 이들이 진짜 애국적이고 멋진 군대라며 찬사를 아끼지 않았고 반일부녀회, 아동단을 비롯한 조직에 망라되며 혁명투쟁에 나섰다.

항일빨치산은 유격근거지에서, 거리에서, 또 일본군과의 전투 한복판에서도 노래를 불렀다. 분노와 절망을 딛고 일어나 투쟁에 떨쳐 일어서는 이야기를 연극으로 만들고, '민족의 한'을 투쟁 결의로 바꾸어내는 노래를 부르며 승리의 희망을 전파했다. 이것이 북녘 문화예술의 시작이다. 김일성 주석이 직접 썼다는 혁명가극 〈피바다〉는 이렇게 만들어진 대표적인 혁명적 문화예술이었다.

연극 공연 〈피바다〉

1936년 항일빨치산은 무송현성 전투에서 승리하고 백두산 서쪽 지역에 있는 만강부락으로 갔다. 만강은 드넓은 고원 위에 있는 작은 화전민촌으로 무송 지방에서는 흔치 않은 조선인 부락이었다. 항일빨치산은 이곳에서 사람들에게 힘을 줄 연극을 준비했다. 김일성 주석이 직접 대본을 썼다는 북의 3대 혁명가극 〈피바다〉의 첫 공연이었다. '피바다'는 당시 일본군에 의해 행해진 조선인 마을에 대한 집단 학살을 상징하는 말이다.

〈피바다〉는 일본군의 학살에 남편을 잃고, 피난 가서 세 아이(원남, 갑순, 을남)를 키우는 여인 최순녀의 이야기이다.

최순녀는 아이들이 또 일본군에 희생당하지 않을까 노심초사하면서도 아버지의 원수를 갚겠다는 원남이가 대견하다. 당시는 일본 순사들이 마을마다 보초를 서고, 검문 검색을 하던 상황이어서 원남이는 어머니 최순녀에게 옆 마을에 보낼 보고서를 전해 달라고 부탁한다.

길을 가는 최순녀를 수상히 여긴 한 일본군이 친절을 베푸는 척 초소를 통과할 때 도움이 될 것이라며 '신원보증서'를 한 장 써준다. 사실 그 신원보증서는 '이 편지를 들고 가는 여자를 수색해보라.'는 내용으로 최순녀가 까막눈 임을 이용한 사기극이었다.

내막을 알지 못하는 최순녀는 신원보증서 때문에 위기에 빠지지만 무사히 고비를 넘긴다. 뒤늦게 속았다는 것을 안 최순녀와 원남이는 글을 깨우쳐야 할 필요성을 느껴 공부를 하며 점차 세상의 이치에 눈을 뜨고 혁명조직에 망라되어 독립운동에 나서게 된다.

유격대를 잡기 위해 혈안이던 일본군은 또다시 이 마을을 토벌하기 시작하고, 최순녀는 마을 청년들과 함께 그들을 소탕한 후 항일빨치산을 찾아 떠난다.

무척 간단한 줄거리이지만 조선인의 처지를 너무도 생생하게 보여주는 연극이다. 만강 사람들은 무대 위에서 자기들이 겪어온 이야기가 펼쳐지자 가슴을 움켜쥐고 함께 울고 함께 부르짖었다.

한 노인은 연극이라는 것도 잊어버리고 무대 위로 뛰어올라가 일본군 토벌대장 역을 맡은 배우의 이마를 장죽으로 내려치기까지 했다. 공연이 끝나자 장내는 박수갈채로 떠나갈 듯했다. '일제강도 놈들을 타도하자.', '우리도 일제 놈들과 싸움에 나섭시다.'라는 힘찬 구호가 연이어 터지는 가운데 수많은 청년이 무대 위로 올라와 혁명군에 입대를 청원했다.

마을 사람들은 그날 밤 잠을 이루지 못했다. 순박한 시골 사람들이 자정이 훨씬 지날 때까지 등잔불 밑에서 연극을 본 소감을 나눴다. 어떤 집에서는 여럿이 모여 떠드는 소리와 함께 웃음소리도 들려왔다.

만강에서의 연극 공연은 두메산골 까막눈이던 젊은이들과 늙은이들을 계몽하고 교양하여 항일 혁명투쟁의 적극적인 참가자로, 후원자로 바꿔놓았다.

만강부락과 만강부락의 촌장 허락여

〈피바다〉를 공연한 장소

간삼봉 전투에서 울려 퍼진 아리랑

合流匯六百追擊戰
雙方의 死傷多數
토벌대아주도긴장리에대기
新坪坂對岸의 討匪

간삼봉 전투와 관련한 당시 신문 보도

1937년 6월 4일, 보천보 전투는 항일빨치산이 조국에 들어와 벌린 기습 전투로 우리나라에도 많이 알려졌다. 보천보 전투는 일제와 정면으로 맞붙은 전투가 아니라 기습 타격전에 불과하다고 의미를 축소하는 사람들이 있다.

그러나 전투에 참여한 항일빨치산의 규모는 600명을 넘고, 국경을 넘어 경찰관 주재소, 산림보호구, 면사무소, 우체국, 소방회관을 비롯한 일제의 통치기관을 화염에 휩싸이게 했다는 점, 또 다음날 일제의 대대적인 추격전에서 대승했다는 점에서 중요한 의미를 지니는 역사적 사건이다.

이 보천보 전투는 대대적으로 보도되어 우리 민족에게 조선독립군이 살아있다는 희망을 주고, 일제의 간담을 서늘하게 하기에 충분했다. 보천보 전투가 가장 유명하지만 다음날 치러진 구지산 전투, 또 25일 후에 있었던 간삼봉 전투는 항일빨치산 독립운동의 연속적 흐름이었으며 당시 국내 진공 작전의 의미를 훨씬 풍요롭게 만든 역사적 전투였다.

간삼봉 전투는 전열을 정비한 2,000명의 일본군이 조선인민혁명군을 전멸시키겠다고 화려한 출정식까지 하고 덤벼들었으나 오히려 일본군의 완전 전멸로 이어져 세상의 비웃음거리가 된 전투였다. 이 전투에서 항일빨치산은 〈아리랑〉을 불렀다고 한다.

해방 이후 북녘 문화예술의 방향

주체의 문화예술 정립 과정

1960년대 북은 천리마 운동을 광범위하게 전개하며 자립적 민족경제 노선에 입각한 사회주의를 건설하였고, 인민 경제도 많이 성장했다. 그와 함께 주변 사회주의 강대국에 대한 사대주의를 청산하기 위하여 김일성의 노선과 정책을 학습하자는 기풍이 온 사회에 확산되었다.

1959년 12권으로 출판된《항일빨치산 참가자들의 회상기》는 북 최고 인기 도서이자 사상학습 교재로 널리 읽혔다. 인민들은 항일 무장투쟁의 정신을 과거 역사가 아니라 지금도 계속되는 혁명 과정으로 인식하기 시작했고, 항일빨치산들의 삶을 흠모하는 분위기가 퍼져 모든 과정을 조선 혁명 전통으로 받아들였다.

그런데 한편으로는 해방 이후 사회주의 수립과 함께 작가의 일반적인 문학작품들이 도식화되면서 생활의 진실을 추구하지 못하고 관념화되고 있다는 비판이 제기되었다. 낡은 봉건적 문화 잔재에 대한 묘사와 자본주의적 개인주의 유습에 대한 폭로 등을 주제로 한 문학작품이 천편일률적으로 출간되면서 사회주의 문학이 도식화된다는 우려가 커졌다.

게다가 당시까지 광범위하게 남아있던 소련 사회주의 영향으로 소련 정부의 문학작품에 대한 잘못된 지도 내용*까지 북에 수용되기도 했다.

이런 혼란 속에서 김일성 주석은 북의 문화예술의 방향을 제시했다. 즉 판에 박힌 듯 도식화된 창작도 문제지만, 사회주의 리얼리즘을 운운하며 광범위하게 남아있는 개인주의적 요소, 자본주의적 요소를 강화하는 흐름이어서는 안 된다는 주장이었다.

김일성 주석은 인민이 주체가 된 북녘 사회주의 건설에서의 문화예술 역할을 강조하며 당과 인민이 한마음이 되어 사회주의 건설 과정에서 나타나는 어려움을 극복하는 모습을 형상화해야 한다고 말했다.

1960년 11월, 김일성 주석은 "천리마 시대에 맞는 문화예술을 창조하자."라는 연설을 통해 문화예술인은 천리마 시대 사람들의 적극적인 건설 의지와 활동을 중심으로 작품 활동을 해야 하며, 작품 속에는 그들의 희망과 염원을 뚜렷이 나타내야 한다

---

* 민족의 정서를 기본으로 한 북의 문학과 예술이 마르크스주의 원칙에서 벗어난다는 소련의 비판적인 간섭을 말한다..

월북 작가 이기영 우리나라에서 출판된《림꺽정》

고 강조했다.

이밖에도 이 시대의 북을 대표하는 문학작품으로는 홍명희의 작품을 들 수 있다.《림꺽정》은 조선 전기의 도적인 임꺽정을 그린 역사소설로, 우리나라에서도 많이 알려진 작품이다. 전봉준의 일대기를 그린 박태원의《갑오농민전쟁》도 명작으로 평가받는다.

이외에도 일제강점기 조선일보에 조선의 농촌 현실을 다룬〈고향〉을 연재했던 이기영은 1950년대부터 집필한 대하소설《두만강》3부작을 완성하여 북 문학의 한 봉우리를 이루었다.

종합적인 미술기지 만수대 창작사

1959년 4월, 천리마 시대를 상징하는 기념비 건립을 위해 조선

만수대 창작사에서 집단 제작한 백두산에 있는 삼지연기념비

미술가동맹 산하에 조각창작단이 조직되었고, 11월에는 천리마 동상 구성 초안을 만들었다.

1973년에는 조각창작단을 모체로 하여 중앙미술제작소를 통합하고 사진제작단, 수예제작단 등을 합쳐 '만수대 창작사'라고 명명했다. 만수대 창작사의 창립일은 종합미술기지로 발전한 날이 아니라 조각창작단이 천리마 동상 구성 초안을 제출하였던 1959년이라고 정리했다.

이때부터 북의 모든 중요한 미술품은 종합미술기지를 중심으로 하여 집체적인 활동으로 제작된다. 만수대 창작사 산하에는 조선화창작단, 공예창작단, 산업미술창작단, 조각미술창작단, 영화미술창작단, 동상 및 석고상창작단, 수예창작단, 조선보석화창작단, 출판화창작단, 유화창작단, 벽화창작단 등 10여 개의 창작단이 있다. 각 창작단에는 분야별로 인민예술가와 공훈예술가 90여 명을 비롯하여 1,000여 명의 예술가들이 망라되어있다.

만수대 창작사의 기념비적 작품으로는 보천보전투승리기념탑(1967)과 천리마동상(1961), 만수대기념비(1972), 삼지연기념비(1979), 주체사상탑(1982), 개선문(1982), 대성산혁명열사릉(1985), 서해갑문기념비(1986), 조국해방전쟁승리기념탑(1993) 등이 있다. 또 금수산태양궁전을 비롯하여 인민문화궁전, 만수대예술극장, 인민대학습당 등 북을 상징하는 건축물은 만수대 창작사의 집체적 건축물로 설계되었다.

평양에 있는 만수대 창작사에 가면 조선화, 보석화, 유화와 공예물, 수예작품 등을 전시해놓고 판매도 하고 있다.

1970년대 북 문화예술 활동과 김정일의 영화예술론

앞에서 언급했듯이 김정일 국방위원장이 계승자로서 인정받게 된 결정적 계기는 조선로동당의 선전선동부 일을 맡게 되면서부터이다.

북은 1970년대부터 인민들에게 문화예술을 통하여 항일 무장투쟁의 전통과 정신에 대한 공감대를 강화했다. 당시 북 사회주의 건설에서 가장 중요한 문제는 소련과 중국의 간섭을 배제하고

| 혁명가극 〈꽃 파는 처녀〉의 무대 | 〈꽃 파는 처녀〉의 영화 장면 |

인민들이 김일성 주석을 중심으로 단결하여 사회주의 건설에 총 매진하는 것이었다.

그러므로 시대적 사명에 부응하는 문화예술을 창조할 필요가 있었고, 이런 상황을 배경으로 김정일 국방위원장의 왕성한 문화예술 활동과 '영화예술론'이 제기되었다.

피바다 국립극단은 1971년 혁명가극 〈꽃 파는 처녀〉을 제작해 1972년 첫 작품으로 무대에 올렸다. 이 작품은 원래 김일성이 1930년에 창작한 연극인데 꽃분이와 그의 가족이 일제의 압박과 수난에 짓눌리지 않고 자유를 찾아 투쟁에 나서는 이야기를 다시 혁명가극으로 만들었다고 한다. 이 가극은 인민들에게 큰 공감을 불러일으켰으며 북의 문화예술에 일대 전환을 일으킨 작품으로, 중국 등 사회주의 국가에서 극찬을 받았다.

이외에도 김정일 국방위원장은 〈피바다〉(1969), 〈한 자위단원의 운명〉(1975), 〈안중근 이등박문을 쏘다〉(1979) 등의 영화를 제작했다. 이를 계기로 북녘의 문학예술은 사회주의적 사실주의에서 주체 사실주의로 정착되었다.

사회주의적 사실주의가 사회 구조와 인간 행위의 변증법적 과정을 객관적으로 묘사한다면 주체 사실주의는 인간의 의식성과 실천을 최고의 가치로 여긴다.

1973년 김정일 국방위원장은《영화예술론》을 발표하여 예술가의 창조적 작업에서 가장 중요한 요소는 올바른 사상의 씨앗(종자)에서 출발하며 그 씨앗은 작품의 미학적 가치와 창조적 질을 결정한다는 '종자론'을 창시했다.

고난을 극복하기 위한
김정일의 음악정치

김정일의 음악 사랑

1991년에 발표된 김정일 국방위원장의 《음악예술론》에 따르면 '주체음악'이란 주체 시대의 요구와 사명에 이바지하는 음악으로, 내용은 인민 대중의 자주성을 위한 투쟁이 담겨있어야 한다. 즉 주체음악은 사람들을 혁명적인 사상으로 교양하는 데 이바지해야 하는 것이다. 또 형식에서는 인민 대중의 사상과 감정에 맞는 '인민성'을 기본으로 해야 한다고 밝혔다.

조선의 음악은 반드시 조선적인 것을 바탕으로 하여 인민의 감정에 맞아야 한다는 방침에 따라 민족음악을 사회주의 건설자들의 정서와 지향에 맞게 발전시켰다. 혁명가극과 민족가극을 발전시켰고 발성법을 바꾸었고 전통 악기를 대대적으로 개조했으며 민요를 중심으로 한 여러 음악 장르를 개척했다.

'음악은 선율의 예술이다', '절가는 인민음악의 형식이다', '악기 편성에서 기본은 민족 악기와 서양 악기를 배합하는 것이다', '편곡은 창작이다' 등이 북의 음악에 관한 기본 방침이다.

김정일 국방위원장은 "음악은 나의 첫사랑이고, 영원한 길동무이며 혁명과 건설의 위력한 무기입니다. 이것이 나의 음악관입니다."라고 밝혔는데, 이는 2000년 처음 등장한 '음악정치'라는 말과 함께 김정일 시대의 음악에 대한 표상이다.

절대음감을 지닌 김정일 국방위원장은 교향악단 연주용으로 작성된 총보를 읽을 정도였으며 혁명과 음악을 하나로 통일시킨 독창적인 음악사상을 자신의 정치 방식으로 구현했다. 북에서는 그것을 김정일의 음악정치라고 한다. 김정일 국방위원장은 명곡이란 서양의 이름도 알 수 없는 심원한 곡이 아니라 '들으면 들을수록 좋고, 누구나 다 좋아하고, 인상 깊은 곡'이라고 말했다.

김정일 국방위원장은 1990년대 중반과 후반기에 사회주의 국가의 붕괴로 초래된 외교적 고립과 경제 위기에서 탈피하고 사회주의를 지키기 위해 〈높이 들자 붉은 기〉를 창작하도록 했고, 1995년 노동당 창건 50돌을 기념하여 평양에서 군중집회가 열리는 날 이 노래를 로동신문에 게재하여 전당·국가적으로 '붉은 기 정신'을 고취했다. 연극과 문예 공연으로 인민과 하나가 되었던 항일 무장투쟁 시절의 방식으로 북은 음악정치를 통해 1990년 후반기 경제적 어려움을 극복하려고 했다.

2000년대 들어 김정일 국방위원장은 "한 편의 노래가 1,000만

자루의 총검을 대신한다.”며 음악의 대중적 파급력을 높이 샀다. 〈선군의 기치 따라 계속 혁명 한길로〉, 〈신심 드높이 가리라였다〉 등이 유행하였으며, 경제적 난관을 돌파하는 인민에게 위로와 힘이 되었다.

북은 음악의 대중화를 위하여 전산화된 음악 자료를 열람하고 감상할 수 있는 대중 봉사시설 ‘하나음악정보센터’를 2012년 2월 15일에 개장했다.

이곳 2층에는 음악 공연을 수록한 DVD를 제작하는 생산 시설이 갖추어져 있으며, 누구나 무료로 음악 자료를 열람하고 음악을 감상할 수 있다. 30석 규모의 다통로 감상실에서는 사방 벽면에 설치된 고성기 4개와 대형 동영상 화면 뒤에 설치된 초저음 고성기를 통해 원음에 가깝게 재생한 5.1 음향 체계로 음악을 감상할 수 있다.

김정일 국방위원장은 개장 당일 김정은 제1위원장과 함께 이곳을 방문해서 자신이 오랫동안 수집해온 방대한 음악 자료를 넘겨주었다.

음악예술의 정통이 된 만수대예술단

북 음악예술의 정통은 북의 대표적인 공연 예술단체인 만수대예술단에서 시작된다. 1946년 처음 평양가무단으로 설립되었다

〈휘파람〉을 부르는 가수 전혜영

가 1969년 김정일 국방위원장의 지시에 따라 현재의 이름으로 개칭되며 확대되었다. 유일사상 체계 확립과 함께 김정일 국방위원장의 선전선동부 활동과 맞물려 시작된 것으로 볼 수 있다.

만수대예술단은 가극과 음악, 무용 등을 모두 창작하고 공연하는 종합 중앙예술단체로 출발했다. 우수한 창작가와 연주가들을 중심으로 공훈 남성 중창조, 여성 중창조, 공훈 여성 기악중조, 무용조, 관현악조, 무대조로 구성되었으며, 일본(1973년)과 중국(1998년), 서유럽을 비롯한 55개국에서 770회의 해외초청 순방 공연을 하며 문화외교사절단 역할을 담당했다.

만수대예술단 소속의 유명한 예술가로는 2000년 조선국립교향악단 서울 공연에 출연한 테너 리영욱과 베이스 허광수, 차이콥스키 국제 음악 콩쿠르 입상자인 소프라노 조혜경과 카라얀 지휘 콩쿠르 입상자 김일진, 여성 지휘자 조정림 등이 있다.

대표적인 공연 작품으로는 혁명가극 〈꽃 파는 처녀〉와 음악무용 이야기 〈락원의 노래〉, 4대 무용작품으로 손꼽히는 〈조국의 진달래〉, 〈키춤〉, 〈사과풍년〉, 〈눈이 내린다〉, 남성 4중창단과 여성 민요 4중창단의 중창곡, 경음악, 관현악과 합창, 민족기악중주 등 여러 장르에 걸쳐있다.

NK-POP으로 유명했던 보천보 전자악단

1985년 6월 4일, 김정일 국방위원장은 세계 음악 발전의 추세에 따라 전자음악을 조선식으로 발전시킬 것을 지시하였다. 이에 결성된 것이 보천보 전자악단이다. '보천보'라는 이름은 김일성의 항일 무장투쟁으로 국내 진공 작전을 펼쳤던 지명이다. 보천보 전자악단은 반인민적이고 퇴폐적인 서구 전자음악과 달리 조선 장단을 적절히 활용한 음악을 추구했다. 민족 음악에 서양 클래식을 종속시킨 배합관현악을 만든 것처럼 신디사이저를 기반으로 '우리식' 전자밴드를 선보인 것이다.

기악 앙상블과 성악가들, 창작가, 지휘자 등 약 15명의 청년 연주자들로 구성되었고, 소속 가수인 김광숙, 전혜영, 리경숙, 조금화, 리분희 등이 유명하다. 특히 인민배우 전혜영의 〈휘파람〉은 1990년부터 선풍적인 인기를 누렸다. 그 외 〈도시처녀 시집와요〉(전혜영), 〈녀성은 꽃이라네〉(리분희), 〈반갑습니다〉(리경숙), 〈내 이름 묻지 마세요〉(리경숙) 등이 유명하다.

북의 대표적인 연가로 알려진 전혜영의 〈휘파람〉을 들어보면 북의 대중적 정서의 한 면인 조국애와 개인의 혁신 그리고 연정이 어떻게 통일되어있는지를 볼 수 있다. 우리나라에서는 관변스러운 노래와 연가 같은 개인의 정서에 관한 노래가 확연히 구분되는 반면 '조국을 위해' 배우고 일하고 투쟁한다는 북녘 사람들은 노래를 통해 조국애와 자신을 자연스럽게 일치시키고 있다.

휘파람

어제밤에도 불었네 휘파람 휘파람

벌써 몇 달째 불었네 휘파람 휘파람

복순이네 집 앞을 지날 땐 이 가슴 설레여

나도 모르게 안타까이 휘파람 불었네

휘~호~ 휘~호~ 휘~호~~ 휘~호~~

한번 보면은 어쩐지 다시 못 볼 듯

보고 또 봐도 그 모습 또 보고 싶네

오늘 계획 300을 했다고 생긋이 웃을

이 가슴에 불이 인다오 이 일을 어찌하랴

휘~호~ 휘~호~ 휘~호~ 휘~호~~

휘~호~ 휘~호~ 휘~호~ 휘파람

어젯밤에도 불었네 휘파람 휘파람

벌써 몇 달째 불었네 휘파람 휘파람

혁신자의 꽃다발 안고서 휘파람 불면은

복순이도 내 마음 알리라 알아주리라

휘~호~ 휘~호~ 휘~호~ 휘~호~~

아 휘파람 아 휘파람 아 휘파람

아 휘파람 휘휘 호호 휘파람

〈녀성은 꽃이라네〉라는 노래도 북에서 널리 불리는 대중가요
이다. 우리나라에서 '여성은 꽃'이라는 말은 여성 차별의 대표적
인 표현이다. 반면 북에서는 여성의 사회활동을 보장하기 위한 모
든 여건이 갖추어져 있는데 여성들을 꽃이라고 예찬하는 것이 무
엇이 문제냐며 반문한다.

왕재산 경음악단

왕재산 경음악단은 1983년 결성된 북 최초의 경음악단이다.
16명으로 구성된 전속 악단과 6명의 가수 및 16명의 무용수 등
으로 구성된 일종의 대중음악 밴드이다. '왕재산'이라는 이름 역
시 항일 무장투쟁 시기 김일성이 활동한 국내 혁명전적지에서 따
왔다고 하는데, 이름에 어울리지 않게 경쾌하고 명랑한 경음악의
특성을 살리면서 민족적 선율의 고유한 정서와 흥취를 잘 나타낸
노래와 현대 무용작품들을 많이 창작했다.

왕재산 경음악단의 대표적인 여성 가수는 〈새 타령〉을 노래한
렴청, 장윤희, 〈장강의 노래〉를 부른 김화숙, 〈도라지〉, 〈사회주의

좋다〉를 노래한 황숙경 등이 있고, 남성 가수로는 〈친정집 가네〉
를 렴청과 함께 부른 최광호 등이 있다. 안무가 한금이, 무용배우
양창남, 정석범 등이 알려져 있다.

왕재산 경음악단은 보천보 전자악단과 함께 1980~1990년대
북 대중음악의 양대 산맥을 이루었으나 다소 침체 상태에 있다
가 2011년 왕재산예술단으로 이름을 새롭게 변경했다. 또한 2015
년 7월, 청봉악단이 왕재산예술단 소속으로 새롭게 창단되었다.

북이 말하는 계몽기 가요

북녘 화면반주 음악실(우리나라의 노래방)에는 우리 귀에 익숙한
옛날 노래들이 많다. 북에서는 일제강점기 나라를 빼앗긴 설움과
울분이 컸던 만큼 망국노의 신세, 향토애, 고유한 정서를 담은 노
래를 '계몽기 가요'라고 부른다.

세부적으로는 계몽가요, 동요, 신민요, 예술가요, 대중가요(유행
가)로 구분하며 2000년 5월, 190편이 수록된 《계몽기 가요집》을
출간했다. 이 가요집에는 〈눈물 젖은 두만강〉, 〈락화유수〉, 〈바다
의 교향시〉, 〈서귀포 70리〉, 〈홍도야 울지 마라〉, 〈황성옛터〉, 〈찔
레꽃〉 등이 있다.

계몽가요는 갑신정변을 전후해 열강의 침략 책동이 강화되었
을 때 반봉건과 반침략, 근대화를 추구하면서 가장 먼저 출현한

가요이다. 대표곡으로 〈거북선〉, 〈공부하세〉, 〈조선13도가〉, 〈학도가〉, 〈빛나는 조선〉, 〈문맹 퇴치가〉 등이 있다.

민족적인 동요에는 홍난파, 박태준, 안기영, 정순철의 〈고향의 봄〉, 〈고향하늘〉, 〈그리운 강남〉, 〈조선의 꽃〉, 〈짝자꿍〉, 〈따오기〉 등이 있다.

예술가요는 예술적으로 세련된 가요이다. 전문적인 성악 기교와 숙련을 의도하여 창작되었으며, 대표적인 곡으로는 〈봉선화〉를 비롯해 〈동무생각〉, 〈작별〉, 〈조선찬가〉, 〈가려나〉 등이 있다. 이 노래들은 "비교적 높은 예술적 형상과 사색적인 정서, 고전미가 풍기는 선율의 절도 있는 품격 등으로 독특한 정서적 감흥을 불러일으켰다."고 평가받고 있다.

신민요는 종전의 구전민요들과 달리 전문 음악가들에 의해 창작된 새로운 양식의 민요이다. 대표적인 곡으로는 〈그네 뛰는 처녀〉, 〈조국 산천가〉, 〈노들강변〉, 〈꽃을 잡고〉, 〈금강산타령〉, 〈개나리고개〉, 〈명승가〉, 〈우리의 동해는 좋기도 하지〉, 〈뻐꾹새〉 등이 있다.

10만이 참여하는 대집단 체조와 예술 공연 〈아리랑〉

김정일 시대의 문화예술을 살펴볼 때 10만이 참여하는 대집단 체조 공연을 빼놓을 수 없다. 대표적인 공연으로 〈아리랑〉이 있는

데, 이 공연은 2002년 김일성 주석 탄생 90돌과 조선인민군 창건 70돌을 맞아 '고난의 행군'을 마무리하고, 새롭게 경제 강국으로 나아가고자 하는 염원을 담고 있는 블록버스터 공연이다. 10만 명의 출연자가 한 사람같이 움직이는 〈아리랑〉 공연은 집단적 일치성과 예술성에 보는 사람 누구나 압도된다.

2000년 10월, 미 국무부장관 올브라이트는 조선로동당 창건 55돌 기념 대집단 체조 〈백전백승 조선로동당〉을 관람했다. 그 공연에서 북의 첫 인공위성 '광명성 1호'의 발사 장면이 카드 섹션으로 펼쳐졌다. 그와 함께 "우리를 건드리는 자, 이 행성 우에 살아남을 자리 없다."는 카드 섹션이 펼쳐졌는데 올브라이트는 이를 보며 충격을 금치 못했다고 한다.

2002년에는 〈아리랑〉 공연을 보기 위해 전 세계 관광객들이 평양으로 모여들었다. 〈백전백승 조선로동당〉이 당 창건 55돌 행사의 일부였다면 〈아리랑〉은 독자적 문화예술 공연 기획으로 탄생되었다.

〈아리랑〉은 2005년 다시 시작되어 분단 이래 처음으로 우리나라 관광객이 평양 관광을 하며 공연을 볼 수 있었다. 처음 본 〈아리랑〉 공연을 지금도 잊을 수 없다. 늙으신 어머니와 아들이 갈대 무성한 비무장지대와 철조망을 바라보며 울부짖는 장면이 배경대(카드 섹션)으로 나온다. 통일을 기원하는 절절한 낭독은 아직까지 기억에 남아있다.

북녘 사람들은 관광 수입이 필요해서 이런 엄청난 공연을 기획했을까? 아니면 체제 선전이 필요해서였을까? 그것은 북을 모르고 하는 소리이다.

〈아리랑〉은 인민들이 식민지에서 벗어나 조국을 세우고 갖은 역경 속에서 살아온 그들의 한과 삶 그리고 희망을 표현하고 있다. 그들은 이 공연을 통해서 나라의 운명을 자주적으로 개척할 자신감과 힘을 확인하고, 더 나아가 세계를 향해 그들의 선택을 과시하고 있다. 그것이 세계 어느 누구도 흉내내지 못할 엄청난 대집단 체조와 예술 공연을 만든 이유이다.

물론 이 공연을 보러온 관광객들이 엄청나게 많으니 입장권 수입만 해도 매회 몇백만 달러를 벌겠지만 돈의 관점에서 해석하는 것이야말로 북에 대한 지독한 편견이다. 뉴욕필하모니오케스트라 연주회의 비싼 입장료는 돈으로 따지지 않으면서 북녘 사람들 10만 명이 만들어내는 엄청난 문화예술에 대해서는 왜 다른 시각으로 평가하는지 한번 생각해볼 일이다.

또 공연 참가 학생들의 인권 문제를 걱정하는 사람도 많은데, 개인적 성공을 위해 피눈물 나는 훈련을 하는 사람들에게는 칭찬을 아끼지 않으면서 북녘 사람들에게는 색안경을 끼고 보는 것은 바람직하지 않다. 북녘의 학생들도 그들의 성공을 위해서 노력한다. 다만 그들은 일신의 성공이 아니라 나라 전체의 성공을 위해 단결한다는 차이가 있을 뿐이다. 단결에는 개인의 불편이 따르기 마련이다. 다만 문제는 집단이 그런 불편함을 해소하기 위해 어떤 노력을 뒷받침하는가 하는 점이 중요하다.

〈아리랑〉 공연에 참가했던 학생들은 커다란 긍지를 가지고 있다. 〈아리랑〉 공연에 등장하는 84개의 달걀 역할을 맡았던 동안소학교의 무용 소조 지도교원은 "학생들은 저마다 나가고 싶어 했지만 무용 소조원들 중에서도 학습과 조직생활에서 모범적인 학생들이 우선 선출됐다."고 하면서 "학생들은 육체적으로는 말할 것도 없고 사상 정신적으로 크게 성장했을 뿐 아니라 무엇보다도 책임감이 높아졌다."고 말했다.

김일성종합대학에서 출연한 250명 학생들의 책임자를 맡았던 그는 "처음에 어려워하는 학생들도 있었지만 모두가 예술인처럼 성장했다는 평가를 받았다."라며 〈아리랑〉 공연에 출연하는 것은 즐거운 추억이라고 소개했다. 그들은 서로 경쟁하면서 2주에 한 번씩 문화오락회를, 한 달에 한 번씩 체육 유희 경기를 가지면서 즐겁게 공연을 준비했다고 한다.

대집단 체조 〈빛나는 조국〉 공연 장면

개막 장면

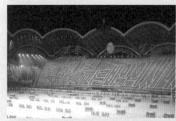

해방 후 토지개혁 장면 형상화

태동하는 비약의 시대

황금산, 황금벌, 황금해

사회주의 필승불패

우리 장단 멋이로구나

공연 전 학교별 카드 섹션 리허설

아이들의 공연 모습

통일삼천리

김정은 시대의 열린 음악정치

앞서 혁명과 음악을 하나로 일치시킨 김정일 국방위원장의 독창적인 음악사상을 정치 방식으로 구현한 것이 '음악정치'라고 했다. 김정은 위원장의 음악 사랑도 이에 못지않아 북은 이를 김정은 위원장의 '열린 음악정치'라고 명명한다.

김정은 시대의 열린 음악정치의 상징은 여성들로만 구성된 소형 밴드 '모란봉악단'이다. 현송월 단장은 인터뷰에서 "원수님의 직접 지도를 받았으며 모란봉이라는 이름도 친히 지어주셨다."고 했다. 실제로 김정은 위원장은 모란봉악단 사업을 지도하기 위하여 밤늦게 또는 이른 새벽 그리고 명절날이나 일요일에도 연습장에 들렀다고 한다.

모란봉악단은 "자기 땅에 발을 붙이고 눈은 세계를 보라."라는 김정은 시대의 정신을 잘 구현한 음악의 세계를 보여준다.

2012년 7월, 시범 공연으로 첫선을 보였는데 "내용에서 혁명적이고 전투적이며, 형식에서 새롭고 독특하며, 현대적이면서도 인민적인 것으로 일관된 개성 있는 공연"이라는 평가를 받았다. 김정은 위원장도 공연을 본 후 "인민의 구미에 맞는 민족 고유의 훌륭한 것을 창조하는 것과 함께 다른 나라의 좋은 것은 대담하게 받아들여 우리의 것으로 만들어야 한다."며 모란봉악단으로 북녘의 음악을 어떻게 발전시키려고 하는지에 대해 말했다.

모란봉악단 공연이 주목을 받은 것은 화려한 조명과 무대장치, 현대적 전자악기, 여성단원들의 패션과 헤어스타일이다. 또 디즈니 영화의 주인공 인형들이 무대에 등장하고 미국 상업영화 〈록키〉의 영상을 무대 대형 스크린에 보여주며 주제곡을 연주했다. 이는 북이 외부 문화를 거부하지 않고 자기 식으로 수용하려는 적극적인 자세를 보여주었다는 점에서 세계의 주목을 받았다.

첫 시범 공연 이후에 모란봉악단은 공연 성격에 따라 다양한 종류의 군복 의상으로 무대에 올랐다. 하지만 비교적 짧은 스커트와 하이힐, 짧은 단발머리는 바뀌지 않았다. 첼로, 바이올린과 더불어 전자화된 악기와 전자피아노, 전자기타 등 첨단 악기도 과감하게 도입했다. 〈결전의 길로〉와 같은 비장한 음악도 현대적인 악기로 연주했고, 최신 연주 기법을 과감히 도입하여 과거와는 완전히 다른 음악으로 편곡하여 연주했다.

모란봉악단의 특징은 한마디로 세계의 어떤 음악도 북의 정서에 맞게 소화하면서도 뛰어난 공연을 한다는 점이다. "자기 땅에 발을 붙이고 눈은 세계를 보라."는 북의 시대에 맞게 북의 음악을

모란봉악단의 공연 장면

세계적으로 알리는 데 크게 기여했다고 한다.

인민들에게 모란봉악단의 인기는 하늘을 찌른다. 합창곡 〈배우자〉, 기악곡 〈단숨에〉가 연주되면 관람객들은 참지 못하고 자리에서 일어나 어깨춤을 추고, 노래가 끝나면 환성과 뜨거운 박수를 보냈다. 마치 서구의 록 음악 공연의 한 장면을 방불케 한다.

유튜브에는 모란봉악단 팬클럽이 만들어지고 조회 수도 엄청나다. 이는 세계 많은 사람들이 북의 음악에 빠져들고 있다는 것을 보여준다. 모란봉악단이 연주하는 음악은 어떤 음악이든 모두다 어깨춤을 추며 신명을 낼 수 있다. 빠른 비트와 현란한 전자악기를 가지고서 어떻게 우리 전통 가락의 멋을 그대로 살려내는지 신기하기만 하다.

2014년 3월, 일반에게 공개된 모란봉악단의 공연에 대한 북녘 주민들의 관심과 반응은 폭발적이었다. 로동신문은 공연 첫날 5,000석 규모의 4.25문화회관이 초만원을 이루었으며 〈모란봉악단 공연 관람 열풍으로 수도 평양이 흥성인다〉라는 제목을 달아 "국가 예술공연국으로 매일같이 공연 관람과 관련된 전화가 빗발치고 있다."라고 보도했다.

모란봉악단 공연이 조선중앙TV를 통해 방송되면 평양 거리에는 사람들의 모습이 사라지고 상점들은 문을 닫을 정도였다고 한다. 또한 조선중앙TV는 모란봉악단 공연을 뮤직비디오처럼 편집해 보여주었을 뿐만 아니라 평양 시내의 대형 스크린, 고려항공의 기내 스크린, 마식령 스키장의 대형 스크린에서도 보여주었다.

2015년 5월 14일 자 로동신문 1면에 〈모란봉악단의 진군 나팔소리〉라는 기사를 통해 "모란봉악단의 음악에 바로 당의 목소리, 시대와 혁명의 요구가 담겨있으며 우리 군대와 인민이 어떤 정신과 투쟁 기풍, 창조 방식으로 최후 승리를 위한 총공격전을 다그쳐야 하는가를 가르쳐주는 투쟁과 생활의 교과서와도 같다."라고 강조했다. 또 모란봉악단의 노래들은 몇천만 톤의 식량에도 비할 수 없는 거대한 힘이 있다고 주장했다.

"음악은 때로 수천, 수만의 총포를 대신했고 수백, 수천 만 톤의 식량을 대신했다."는 김정일의 음악정치를 계승하여 새로운 변화를 추구하는 김정은식 음악정치가 모란봉악단을 통해 구현되고 있다.

부록.

평양을 보면
북이 보인다

현대 사회에서는 거의 모든 도시의 분위기가 비슷하다고 하는데 그런 관점에서 평양은 참 독특한 곳이다. 북녘 사람들은 평양에 대한 자부심과 평양 사랑의 마음이 무척 거서 평양을 '사상의 고향'이라고 부른다. 평양은 처음부터 사회주의 국가 수도의 위상에 걸맞게 설계되었다고 한다. 그들의 사회주의 사상과 인민 대중 중심의 철학 사상은 평양에 어떻게 구현되어있을까? 이러한 평양의 특징을 다섯 가지로 설명하려고 한다.

⟨1⟩
녹색 도시

산업혁명으로 자본주의가 본격화되자 일자리를 찾아 도시로 몰려든 농민들의 저임금 노동자화와 도시 빈민으로의 정착은 자본주의 국가 건설에 있어서 필수적인 요소였다. 그 결과 환경 문제, 주택 문제, 교통 문제 등은 고질적인 사회 문제가 되었다. 사회주의 국가들은 자본주의 도시의 무질서와 문제점이 자본주의 체제에서 파생된다고 생각하여 이런 문제점을 극복한 사회주의 도시를 설계하고자 했다.

사회주의 도시 계획의 기본은 도시의 무제한 팽창을 막아 적정 규모를 유지하는 한편, 도시와 농촌의 구별을 없애고 노동자들의 출퇴근이 불편하지 않게 일터와 집을 가까이 배치하는 것이다. 그러므로 풍부한 녹지의 확보는 필수이다. 도서관, 극장 같은 공공 문화시설이 풍부하고, 거대한 광장과 같은 상징 역할을 하는 공간을 구획하는 것도 사회주의권 도시들의 특징이다.

평양은 '공원 속의 아름다운 도시'를 목표로 세워진 대표적인 사회주의 계획도시이다. 사회주의 이념에 맞게 노동자를 위한 휴식 공간인 공원과 녹지 공간부터 확보하며 도시를 계획했다. 평양에서 녹지가 차지하는 비율은 77퍼센트로 서울(26퍼센트)보다 높

평양에서 가장 아름다운 모란봉 을밀대의 모습과 산책 나온 부부

다. 1인당 녹지 면적도 48제곱미터로 '화원의 도시'라고 불리며, 이는 OECD 도시 평균의 약 2배에 이른다.

평양은 공원과 녹지를 서로 연결하여 바람길을 확보함으로써 대기의 질을 개선했다. 평양의 면적은 서울의 2배가 넘지만 5퍼센트만 도시화했고 인구도 서울의 30퍼센트 정도이니 전원도시와 같은 여유가 풍긴다.

김일성 주석은 처음 평양을 건설할 때부터 "공원과 유원지가 노동자의 휴식처이자 교육 공간으로 이런 자연친화적인 환경에서 조국을 사랑하는 마음이 더 잘 우러나온다."라고 하면서 "인민들은 잘 꾸려진 공원과 동물원, 식물원에서 흥겹게 휴식하면서 우리나라에 어떤 동물과 식물이 있는지를 실물을 통해 배울 수 있으며 그 과정에서 조국의 자연과 향토를 사랑하는 마음을 키우게 될 것"이라며 공원도시를 강조했다고 한다.

중앙동물원

평양의 중앙동물원은 대성산 서쪽 기슭 혁명열사릉으로 올라가는 입구에 있다. 1959년에 개원한 이곳은 부지 면적 270여 정보의 방목장과 2만 수천 제곱미터의 동물사가 있으며 연못과 동물놀이장도 있다. 또 동물원연구소와 동물먹이 생산농장, 목장, 먹이 가공 공정, 단기 교육기관 등이 있으며, 수용 동물은 약 400여 종 4,000여 마리가 있다.

중앙동물원 동물재주관 산양과 원숭이 교예 ┃ 중앙동물원 해설사의 설명을 듣는 아이들
중앙동물원 동물재주관 물범 공연 ┃ 용궁을 거니는 듯 해저를 구경하는 아이들

서울대공원과 비교해보니 규모는 서울의 동물원과 식물원을 합친 규모이고, 보유하고 있는 동물의 종류도 2배가량 많다. 특이한 것은 1959년 평양동물원에서 출발한 이후 세계에서 선물로 보내온 동물이 무척 많으며 이들 동물은 우리 앞에 김정일 국방 위원장 혹은 김일성 주석이 보내준 동물이라는 푯말이 붙어있다.

외국에서 북 지도자에게 보낸 선물은 모두 묘향산 국제친선전람관에 보내어 전시하는데 그중에서 동물은 동물원으로, 식물은 식물원에 보내 평양 시민들이 모두 볼 수 있도록 했다.

중앙식물원

중앙식물원은 대성산 혁명열사릉 입구를 사이에 두고 동물원과 마주 보고 있다. 식물원도 동물원과 비슷한 시기에 설립되었는데 이곳에는 2,000여 종의 식물이 있으며 서울대공원 식물원의 2배 정도에 이른다.

식물 분류원, 수목원, 화초원, 약초원, 식물 자원구, 과수 품종원, 경제 식물 도입구, 원림 풍치구, 재배시험장과 나무 모밭 등이 있는데, 북에서는 식물원을 '과학 문화 교양기관'이라고 한다.

이곳도 동물원과 마찬가지로 김일성 주석과 김정일 국방위원장이 외국 각 나라에서 선물 받은 식물들을 전시해놓은 선물 식물 온실과 야외 선물 식물구가 있다.

생태환경도시로 탈바꿈하고 있는 평양

'평양의 정원'이라고 불리는 모란봉과 만경대뿐만 아니라 평양 거리마다 꽃이 만발하여 4월이 되면 도시 전체가 커다란 꽃바구니 속에 있는 듯하다. 서울이 주로 경복궁, 창덕궁 등 궁궐의 정원과 가로수와 화분으로 거리를 깔끔하게 꾸며놓았다면 평양은 도시 전체가 마치 시골처럼 소박한 느낌이 드는 자연친화적인 도시라는 느낌을 준다.

2012년에는 김정은 위원장의 지시 아래 '사회주의 문명국 건설'이라는 구호를 내세워 놀이시설과 체육시설을 전국으로 확대하여 건설했고, 전국의 공원과 유원지를 총괄하여 통합적으로 관리하는 '유원지총국'이라는 국가 기구까지 설립했다.

200만 명이 사는 도시에 7개의 대형 유원지와 80개의 중소형 공원을 조성한 것만 보아도 평양을 생태환경도시로 새롭게 탈바꿈하고자 하는 북의 의지가 보인다.

〈 2 〉
인민들의 삶의 터전

철학과 가치가 다른 남북의 수도

먹고 살기 치열한 전쟁터 같은 서울의 분위기와 비교해볼 때 평양은 소도시 같은 느낌을 준다. 평양은 서울 면적의 2배인데도 인구는 서울(약 1,000만)의 4분의 1로 인구 밀도가 적다.

만원 버스를 타고 출근하는 인민들의 모습이 눈에 띄지만 버스 정류장에는 사람들이 질서정연하게 줄 서 있고, 집과 직장, 학교가 인근에 있어 유동 인구가 많지 않다. 서울과 평양의 도시 건설은 두 사회의 철학과 가치에 근본적인 차이가 있는 것을 보여준다.

서울의 도심은 주로 업무와 상업 영역으로 구성되어있다. 시민들이 변두리에 대규모 주택 단지를 만들어 주거를 해결하는 것은 주로 땅값 때문이다. 시민들은 주택 가격이 낮은 도시 외곽으로 밀려 나가기 시작해 지금은 경기도 일대가 서울 시민의 주거지 역할을 하고 있다. 반면 강남은 부자들의 소비 문화, 사교육 열풍과 맞물려 강북 지역과 소득의 격차, 학력의 격차를 점점 더 벌리고 있다.

업무와 상업 영역이 서울 도심을 차지하고 있고 지역 또한 부동산 가격에 따라 발전 여부가 결정되고 있다면 평양은 인민 참여의 영역, 교육과 문화 영역이 도심에 배치되어있다.

개방적이고 자유로운 분위기의 김일성 광장

평양의 중심에 자리 잡은 것은 '김일성 광장'이다. 그리고 광장 바로 위에는 인민대학습당이, 광장의 좌우에는 조선중앙력사박물관과 조선미술박물관이 있다. 이러한 모습에서 인민들의 정치생활, 문화·교육생활을 보장하려는 의도가 느껴진다.

북녘의 '나라길 시작점'인 도로원표가 있는 김일성 광장은 총 7만 5,000제곱미터에 이르는 넓은 광장으로, 당대회와 건국기념일을 경축하는 군중 집회를 비롯하여 김일성·김정일을 추모하는 기념 행사, 주요 정치 문화적 행사, 경축 야회, 무력 시위와 열병식 등 국가적 의미가 있는 주요 국가 행사들이 개최된다.

국가 행사가 없는 평상시에는 아이들의 놀이터, 대집단 체조의 연습장 등으로 사용되고 있어 이곳에 가면 광장이라는 이름에 걸맞게 평양 시민들의 개방적이고 자유로운 분위기가 느껴진다.

1978년에 건립된 인민대학습당은 건평 10만 제곱미터에 3,000만 권의 장서와 6,000석의 열람석 등을 갖춘 북에서 가장 큰 도서관이다. 이곳에서는 공부하다가 이해가 되지 않는 문제가 생길 때 상담

주체사상탑에서 본 김일성 광장

인민대학습당

실 지도교수를 찾아가면 자상하게 차근차근 답변해준다.

인민대학습당은 인민 누구나 찾아와서 마음껏 공부할 수 있는 곳이 있어야 수도의 중심부가 인민의 생활 공간이 될 수 있다는 김일성 주석의 뜻에 따라 건설되었다.

문수물놀이장과 릉라도

1990년대와 2000년대는 북의 경제적 어려움으로 평양 건설이 중단되었다가 2010년 김정은 체제가 들어서면서 다시 활기를 띠기 시작한다. 2012년에는 릉라인민유원지, 대성산유원지, 만경대유희장, 문수물놀이장 등이 새로 지어지거나 보수되었다.

언론을 통해 우리에게 잘 알려진 문수물놀이장은 2013년 10월에 준공되었다. 10만 9,000제곱미터의 면적에 27개의 미끄럼틀, 야외 물놀이장과 실내 물놀이장, 체육관 그리고 암벽 등반시설 등을 갖추고 있다.

수영장과 파도풀, 염수탕, 초음파탕 등 15개 수조가 있고 참숯, 소금, 황토찜질방과 산림욕방, 산소방 등 9개의 특수방도 갖추고 있다. 야외 물놀이장에는 급강하 물미끄럼틀을 비롯해 다양한 물미끄럼틀과 바닷물이 출렁이는 수조 등 10여 개에 달하는 수조가 있다. 실내 물놀이장과 같은 뾰족 지붕 아래에 있는 체육관에는 농구장과 배구장 그리고 볼링장이 있다. 물놀이장 외에도 빵집과 커피전문점, 패스트푸드 식당, 간이 양조장과 이발소 등의 편의시설이 갖추어져 있다.

문수물놀이장 ┃ 점프하는 곱등어와 희극배우 물개의 재롱 ┃ 수중 공연과 인어공주와 노는 곱
등어 연기

　룽라도에는 룽라인민유원지와 돌고래 쇼를 위한 룽라곱등어관
이 있다. 곱등어란 돌고래의 일종이라고 하는데 이 곱등어관에 얽
힌 특별한 상황을 이해할 필요가 있다.

　보통 대형 돌고래 관람관은 바닷물을 계속 공급해주기 위해
대부분 바닷가에 건설된다. 서울대공원의 돌고래관은 2017년에
폐지되었고, 제주도나 울산은 모두 바닷가에서 돌고래 쇼를 하
고 있다.

그런데 릉라곱등어관은 수족관에 서해 바닷물을 공급하기 위해 총길이 100킬로미터가 넘는 남포-평양 바닷물 수송관을 땅속에 설치하여 세인들을 놀라게 했다. 서울에서 인천까지의 거리가 40킬로미터라고 하니 2배가 훨씬 넘는 거리에 바닷물 수송관을 설치했다는 것이다.

이 바닷물 수송관은 곱등어관 외에도 평양에 식수를 공급한다. 바닷물을 전기분해한 전해수가 대동강 물을 식수로 활용하는 것보다 훨씬 안전하며 실리가 크다고 한다. 또한 이 바닷물로 평양 각지에 실내 물놀이장과 야외 물놀이장에 물을 공급하고 있다.

북 청소년 사이에 유행하는 롤러스케이트장

스포츠시설도 대거 확충했다. 대표적인 스포츠시설로는 2012년에 개장한 만경대구역 팔골공원이 있다. 이곳에는 연못과 정자는 물론 농구장, 배구장, 롤러스케이트장, 무도장, 여러 운동기구가 설치되어있고 편의시설까지 갖추어져 있다.

2012년 김정은 위원장이 "롤러스케이트는 사계절 어느 때든 즐길 수 있는 좋은 스포츠"라고 적극 권장한 후 롤러스케이트장 건설이 본격화되었다.

류경원, 인민야외빙상장, 롤러스케이트장은 대동강 옥류교 옆에 준공되었는데, 류경원은 목욕, 이발, 미용, 안마, 치료체육 등의 서비스를 하는 문화복지시설로 하루에 7,200여 명을 수용할 수 있다. 이곳의 롤러스케이트장 크기는 1만 3,000제곱미터에 달

류경원

보통강 유원지

한다.

북 청소년들 사이에서 롤러스케이트가 새로운 놀이 붐으로 일어나 만경대유희장, 대성산유희장 등 놀이공원과 상흥아동공원, 연못공원에도 롤러스케이트장이 건설되었다. 이를 시작으로 원산, 남포, 함흥, 신의주 등 전국 주요 도시에 롤러스케이트장이 마련되었다.

〈3〉
사상의 도시

김일성주의와 주체사상을 상징하는 주체사상탑

김일성 주석이 '인민의 삶의 터전'이라는 것을 강조해서 평양의 도시 계획을 시작했다면 김정일 국방위원장은 여기서 한발 더 나아가 '인민의 사상과 혁명의 도시'로서의 평양을 건설하려고 했다. 그는 평양의 모든 구성요소를 중심부에 집중시켜 도시 형성의 통일성과 조화를 보장하면서도 그 방향이 김일성주의와 주체사싱에 벗어나지 않도록 형상화했다.

대표적인 상징물은 1982년에 건립된 주체사상탑이다. 평양의 중심인 김일성 광장 맞은편에 있는 대동강 기슭에 170미터 높이

주체사상탑

로 건설한 주체사상탑은 조선의 고유한 석탑 건축양식을 살려 백색 화강암으로 쌓아 올린 석탑이다.

탑의 꼭대기에는 봉화가 있고, 기단 정면에는 헌시비가 있다. 탑 앞에는 노동자, 농민, 지식인을 형상화한 3인 군상이 있다. 주체사상탑

에는 80여 개 나라의 국가수반들과 정계, 사회계 인사들 그리고 학술연구조직들과 친선단체들이 보내온 글이 각국 언어로 대리석 옥돌에 붙어있다. 탑의 좌우에 있는 화강석으로 만든 부주제 군상들은 주체공업, 만풍년, 배움의 나라, 무병장수, 주체예술, 철벽의 요새를 의미하고 있다. 엘리베이터로 탑에 올라갈 수 있다.

북에도 있는 개선문

개선문은 1982년 김일성 주석 70회 생일을 맞아 건립한 건축물이다. 김일성 주석은 조국 광복을 이룩하고 귀국하여 1945년 10월 14일 인민들과 상봉한 후 김일성경기장(당시 공설운동장)에서 새 나라 건설의 앞길을 밝히는 연설을 했다.

개선문

북의 지도자와 인민들의 힘으로 이룬 조국 해방을 기념하기 위해 건립한 개선문의 전체 높이는 60미터이다. 4개의 기둥에는 부각상과 〈김일성 장군〉의 노래 가사가 새겨져 있다. 개선문은 전통적인 다층 석탑의 구조적 특징을 담고 있으며 김일성 주석이 살아온 70년의 하루하루를 기리는 의미에서 벽돌 2만 5,500개를 사용해 만들었다고 한다.

김일성 주석의 생가, 만경대 고향집

평양을 가면 누구나 들르는 곳이 있다. '만경대 고향집'이라고 부르는 김일성 주석이 태어난 생가이다. 원래 이 집은 1860년대 지주의 묘지기 산당 집이었다.

김일성 주석의 증조할아버지 김응우 옹은 지주의 산지기였던 것 같다. 당시 미국의 제너럴 셔먼호가 평양을 침략하자 김응우 옹은 인근 사람들과 함께 대동강의 지형을 활용하여 화공으로 배를 침몰시켰다. 김응우 옹의 이름은 역사 사료에는 나오지 않지만 당시 대동강까지 올라온 제너럴 셔먼호가 만경대 부근에서 침몰하였으며, 평안감사 박규수의 기록에 이 일은 관군이 한 것이 아니라 평양의 백성들이 한 것이라고 나와 있다. 김일성 주석의 아버지 김형직 선생 또한 독립투쟁과 후대 교육 사업에 헌신한 분이다.

김일성 주석은 1912년 4월 15일에 이 집에서 태어났다. 이곳 뒷산 만경대는 김일성 주석이 동네 아이들과 함께 뛰어놀던 놀이터였다. 다섯 살 때 그의 부친은 독립운동을 하다가 검거되어 평양감옥에서 고문을 당했다. 그때 김일성 주석은 어머니와 면회 가서 아버지가 온몸에 멍이 든 모습을 보고 일제의 악랄함을 가슴 깊이 새겼다고 한다.

김일성 주석이 일곱 살이 되던 해 벌어진 3.1운동에서 사람이 사람을 죽이는 것을 처음으로 목격하고 커다란 충격을 받았으며 '일제는 조선 민족 전체의 원수'라는 생각이 들었다고 회고한다.

만경대 고향집에 온 학생들

　이후 김일성 주석의 가족은 만주 장백현 팔도구로 거주지를 옮겼다. 그곳에서도 부친은 항일 투쟁을 하였으며, 김일성 주석은 소학교를 다녔다. 그 후 김형직 선생은 '먼저 조국을 알아야 한다'며 어린 김일성을 고향으로 돌려보냈다.

　열두 살 되던 해인 1923년부터 2년 동안 평양 칠골 외가에 머물며 창덕학교에서 공부한 그는 1925년 1월, 부친이 다시 체포되었다는 소식을 듣자 중국 동북지방의 무송 제1소학교에 편입했다. 1926년 김일성 주석의 부친 김형직 선생은 서른 살의 젊은 나이로 세상을 떠났다.

　김일성 주석은 아버지 친구들의 추천으로 화성의숙에 입학한 후 첫 혁명조직인 '타도 제국주의 동맹'을 조직했고, 1927년에 길림 육문중학교에 입학하여 '조선공산주의청년동맹'을 조직하면서 일제와의 투쟁을 전개해나갔다.

김일성 주석 가족사진과 김일성 주석의 할머니가 쓰던 찌그러진 항아리

김일성 주석은 나라를 되찾고 귀국했지만 바쁜 일정 때문에 할머니가 살고 계셨던 고향 집에는 귀국 두어 달 후에야 돌아올 수 있었다.

순국선열을 안치한 렬사릉

사상의 도시 평양을 상징하는 건축물로 '렬사릉'을 빼놓을 수 없다. 북에도 현충원 같은 순국선열들을 모신 곳이 두 군데 있다. 신미리 애국렬사릉과 대성산 혁명렬사릉이다. 모두 나라를 위해 싸우다 산화하였거나 나라에 큰 공을 세운 이들을 모신 곳이다.

대성산 혁명렬사릉은 김일성 주석과 함께 항일 무장투쟁을 한 이들을 안치한 곳이다. 이 묘역의 정면에서는 금수산 태양궁전이 내려다보인다. 김정일 국방위원장이 이 묘역을 조성할 때는 김일성 주석이 살아있던 시절이었다. 지금의 금수산 태양궁전은 김일성 주석이 생전에 일했던 집무실이었다.

멀리 정면으로 금수산 태양궁전이 보인다. | 혁명렬사릉의 부조상

　김정일 국방위원장은 김일성 주석이 집무를 하다가 예전의 항일 무장투쟁을 했던 동지들이 생각나면 언제든지 바라볼 수 있고, 언제든지 올라가볼 수 있는 위치에 혁명렬사릉을 조성했다고 한다.

　김정일 국방위원장의 효심도 알 수 있는 대목이지만 항일 무장투쟁을 함께 헤쳐온 사람들을 북 사회가 얼마나 존경하고 흠모하는지 가늠해볼 수 있는 대목이다.

〈4〉
유구한 역사의 도시

인류 문명의 발상지인 평양

북은 나일강, 메소포타미아, 인더스, 황화문명과 함께 평양을 인류 문명의 5대 발상지 중 하나로 보고 있다.

평양 상원군 검은모루 유적은 인류 시작의 여명기인 약 100만 년 전 구석기 시대 유적이다. 력포 구역 대현동에서는 약 30만 년 전의 중기 구석기 시대 유적이, 평양 승호 구역 만달리에서는 후기 구석기 시대의 사람 유골이 발견되었다. 신석기 시대의 유적은 훨씬 많이 발견되었는데 사동 구역, 금탄리 유적, 삼석 구역, 호남리 남경 유적, 룡성 구역 장촌 유적이 대표적이다.

이 유적지를 조사해보면 이 시대 사람들은 벼를 비롯한 오곡을

상원군 검은모루 동굴

승호 구역 만달인 유골복원상　　　　대동강 금탄리 유적 빗살무늬 토기

재배하고 이랑농사와 윤작, 관개농사를 도입했다는 것을 알 수 있다. 농업이 발전한 결과 특권 지배 계급이 생겨나고 농민, 수공업자, 노예 계급이 형성되어 신분제도가 싹트게 되었다. 이것은 대동강 유역에서 문명 사회로 넘어갈 수 있는 정치·사회적 조건이 마련되었다는 것을 의미한다.

고대 문화의 중심지

기원전 30세기 초, 단군은 첫 고대국가 고조선을 세우고 평양에 도읍했다. 국가 형성을 알리는 징표가 되는 성곽들이 대성 구역 상암동 등지에 100여 리를 사이에 두고 축성 배치되었다. 고조선이 부족국가가 아니라 노예제에 기반한 고대국가였음을 '8조법금'을 통해서 알 수 있다.

단군릉

1993년 평양 강동군에 예로부터 단군의 무덤이라고 전해오던 단군릉이 발굴되었는데, 그곳에서 나온 사람의 뼈가 5,011년 전의 것으로, 단군 부부의 유골이라는 것이 밝혀졌다. 그 결과 단군 조선이 세워진 것은 BC 2333년이 아니라 그보다 1,000년 더 앞선 BC 3000년경으로 밝혀졌다.

고인돌은 함경남북도 량강도, 강원도, 요동에서는 100~500기가 발견되었지만, 대동강 유역에는 1만 4,000기가 있으며 특히 왕급의 지배 계급들이 묻힌 특대형의 고인돌 무덤이 많다. 돌관 무덤도 많이 발견되었는데 그곳에서는 지배 계급이 쓰던 동 또는 금 귀걸이와 목걸이, 가락지, 청동띠고리들과 회색 도기들이 나왔다.

평양시 강동군의 황대성, 봉산군 지탑리 토성, 온천군 성현리 토성과 도시를 방불케 하는 큰 부락터가 많이 발견된 것만 보아도 이곳이 고대 문화의 중심지였다는 것을 알 수 있다.

고인돌 무덤과 팽이그릇 집 자리에서 출토된 BC 2000년경의 것으로 추정되는 비파형 창끝, 돌관 무덤에서 나온 도기들과 쇠거울, 철기들은 대동강 유역을 중심으로 청동기 문화에 이어 도기 문화와 철기 문화가 발생하였음을 보여준다.

5천년 전 별자리가 새겨진 고인돌

또한 고인돌 무덤의 뚜껑돌 겉면에서는 별자리를 표시한 성화도가 200여 개나 발견되었다. 고인돌 뚜껑돌에 새겨진 홈 구멍은 구멍의 크기에 따라 4~6개 등급으로 갈라지는데 천문학에서 밝기에 따라 볼 수 있는 별의 등급을 나눈 것과 비슷하다.

홈 구멍에 홈 선을 연결하여 밤하늘의 혜성을 표시한 것이 있고, 7개의 홈 구멍으로 북두칠성을 나타낸 고인돌도 있다. 또 홈 채기를 새겨 은하수를 표시하였거나 28수 별자리를 새겨 놓은 고인돌도 80여 기나 된다. 이 별자리들은 5,000여 년 전의 별자리라는 것이 과학적으로 증명되었다.

평양 고인돌 유적과 고인돌에서 나온 청동 장식품

지금까지 가장 오랜 별자리 유적은 BC 12세기경 바빌로니아의 토지경계비로 알려져 있었는데 그보다 수백 년 앞선 별자리가 새겨진 고인돌이 평양 지방에서 40여 개나 발견됨으로써 우리 고대사의 천문학이 얼마나 앞섰는가를 알 수 있다.

평양에 있는 고구려 유적지

평양에는 고구려 유적이 많다. 북은 고구려의 시작을 기원전 277년으로 본다. 길림 지역 국내성에 도읍을 두었던 고구려는 1세기 초 중엽에 서북조선 쪽으로 세력을 뻗쳐 당시 평양 지방에 있던 낙랑국을 흡수했다. 3세기 중엽부터 동천왕은 평양성을 쌓고 종묘사직을 옮겨 평양을 부수도로 삼았다. 광개토대왕 때부터는 북방 정세를 완화시킨 후 수도를 국내성에서 평양으로 옮길 준비를 서둘렀다.

6세기 말 고구려는 동서 6,000리 남북 4,000리에 달하는 대강국이 되었다. 원래 고구려는 평지성과 산성을 따로 두었다. 비상시에는 곡식을 전부 거두어 산성으로 옮겨 전투하는 체제였는데, 고구려가 평양으로 천도할 때 전통에 따라 산성과 평지성의 형태로 출발했다.

장수왕은 평양 천도를 위해 산성인 대성산성을 쌓고, 평지성인 안학궁을 지었다. 이것이 고구려의 첫 평양 수도성이었다. 그러나 고구려의 국력이 성장하고 국가의 규모가 커지자 산성과 평지성을 따로 두는 방식으로는 나라의 방위를 보장하기 어려웠다. 그리하여 오늘날의 평양 중심부를 중심으로 한 드넓은 평지를 둘러싸고 있는 주변 산들을 연결해 산성을 쌓았다. 즉 도시 전체를 산성으로 둘러싸는 새로운 형태의 수도성을 건설했는데 이것이 바로 '장안성'이다.

고구려의 마지막 수도성인 장안성은 성벽의 총연장 길이가

23킬로미터로 엄청나게 컸다. 고구려의 역사를 알면 고구려가 왜 장안성을 그토록 크게 지었는지를 이해할 수 있다. 평양 천도에는 고구려 주도로 삼국을 통일하려 했던 고구려의 꿈과 좌절이 담겨있다.

유네스코에 등재된 고구려고분군

유네스코에 등재된 '고구려고분군'은 평양 부근에 있는 5개 지역고분군 63기(벽화고분 16기 포함)로, 평양시 동명왕릉, 진파리 1호분 등 15기, 평양시 삼석 구역 호남리 사신무덤 등 34기, 평양남도 대동군고분 3기, 남포시 강서 구역 강서세무덤 3기, 안악 3호분, 독립고분 8기 등이다.

고구려고분은 돌무지 무덤과 흙으로 덮은 봉토 무덤으로 나뉜다. 평양 주변에 있는 고구려 무덤 중에는 봉토 석실 무덤 내부 벽면에 벽화가 그려져 있는 벽화 무덤들이 많다.

안악3호군 벽화와 내부 모습

무덤의 주인은 고국원왕으로 추정된다.

고구려 동명왕릉

　대표적인 것은 안악 3호분과 강서대묘이다. 황해남도 안악군 오
국리에 있는 안악 3호분은 고구려 고국원왕릉으로 알려졌다. 이
무덤의 벽화에는 수인공이 문무관을 거느리고 정사를 보는 장면,
시녀를 거느린 안주인, 외양간, 차고 등이 그려져 있다. 특히, 회랑
에 왕으로 상징되는 '백라관'을 쓴 주인공이 수레를 타고 문무백
관, 악대, 무사 등 250여 명에 달하는 인물들의 호위를 받는 '대행
렬도'는 고구려의 사회와 문화를 연구하는 귀중한 자료이다.

　평안남도 강서군에 있는 강서세무덤 중 가장 큰 강서대묘는
북 국보급 제3호인데 현무 그림 등 다양한 동물이 그려져 있다.

고구려 강서세무덤과 고분 벽화

〈5〉
도시의 미학을 꿈꾸는 평양

북의 선형도시 계획

산업혁명을 통해 급속도로 성장한 대도시는 심각한 도시 환경 문제, 도시 빈민 양산, 도시와 농촌 사이의 격차 확대와 갈등이 나타났다.

사회주의 국가들은 이런 문제를 극복하기 위해 '선형도시 계획'을 도입하여 농촌과의 격차를 해소하고 여성의 육아와 가사노동의 부담을 해소하려 했다. 충분한 빛과 신선한 공기의 확보, 사적 공적 요구 사이의 조화 외에 공동 부엌, 아이의 양육을 위한 아동보호시설과 탁아소 및 학교 등이 선형도시 계획의 일환이었다.

단순한 복구가 아닌 새로 건설된 평양

한국전쟁 전까지 평양은 일제강점기에 형성된 기형적 도시 틀을 바꿀 여력이 없었다. 그런데 한국전쟁으로 평양이 완전히 파괴되었고, 그로 인해 단순한 복구가 아닌 전면적인 새 도시를 건설할 수 있는 계기가 마련되었다. 김일성 주석은 정전 1년 전부터 평양 도시 건설 방향에 대한 전면적 계획 수립을 준비했다.

이렇게 마련된 '평양시 복구 건설 총계획'은 평양 중심부를 소통과 참여의 공간으로 상징화하고, 6~7개의 서로 다른 소지역들

270

이 도시 내에 고르게 분포하면서 인문환경과 자연환경이 어우러진 도시를 건설한다는 것이었다.

평양의 소지역 내에는 생산시설과 작물 재배, 공원과 녹지, 탁아시설 및 교육시설과 문화시설을 함께 배치하여 도시와 농촌이 조화롭게 공존하도록 했다. 이 소지역을 거리로 연결하여 지역 간 완충 역할을 하게 함으로써 하나의 지역이 일정 크기 이상으로 확장되는 것을 억제했다.

새롭게 창조되는 평양의 거리

평양시의 주요 거리는 크게 30여 개가 있다. 창광거리, 문수거리, 광복거리, 통일거리, 청춘거리, 천리마거리, 낙원거리 등이 대표적이며, 김정은 시대에 들어와서 미래과학자거리, 초현대식 려명거리 등이 들어섰다. 김정일 국방위원장은 평양의 거리가 모두 '인민적 거리의 품격'을 갖추도록 지시했다.

려명거리

창천거리

　1991년 김정일 국방위원장은《건축예술론》을 발표했다. "건축은 계급성을 띤다."라면서 "건축은 순수 기술공학적 문제에 국한되는 것이 아니라 사상과 이념에 대한 문제에 귀착되는 것이며, 건축의 미적 판단 기준은 실용성뿐만 아니라 사상 예술성에 대한 인민 대중의 평가에 따라야 한다."고 주장했다.

　그는 "건축도 하나의 예술이다. 건축 창작은 반드시 비반복적이어야 한다. 설계에서 유사성과 반복은 금물이다."라는 말을 남겼다. "도식에 빠지면 인민 대중의 생활적 요구를 깊이 이해할 수 없게 되며 기성 건축의 테두리에서 벗어날 수 없다."는 것이다.

이런 기조 하에서 평양 거리 건설을 새롭게 창조하려는 시도가 계속되었다. 먼저 건물 배치는 도로의 앞면에만 일직선으로 건물을 세우는 것을 피하고 고층 건물을 입체적으로 배치하며 건물과 건물 사이에 커다란 공간을 만들어 전체적인 모양을 다양하게 만들었다.

아파트는 정방형, 어긋형, 계단형 등 다양한 형태로 짓고, 몸통이 가늘고 뾰족뾰족하게 한 고층 아파트를 집중적으로 배치하여 큰 탑군을 형성했다. 초고층 아파트군은 평양의 중심부와 보통강 일대의 체육문화 중심지대가 연결되어 도시의 폭이 넓어진 느낌을 주었으며, 밖에서 안이 한눈에 들여다보여 기존 아파트 밀집 지역에서 느끼는 답답함이 없었다.

김정은 통치 시대에 평양의 획기적인 변화

김정은 시대에 들어와서 평양은 획기적으로 변하기 시작한다. 우선 미래과학자거리를 보면 2010년에 개발을 시작하여 2015년 3월부터 입주를 시작했는데 탑처럼 생긴 53층 건물이 유명하다. 강진일 평양도시설계연구소 설계가는 "상징 건물의 종자는 과학기술을 토대로 하여 조선의 최후 승리를 안아온다는 것이 원수님의 구상"이라며 "과학기술의 힘을 지니고 1,000만 군민이 단합해 폭풍처럼 달리는 조선의 기상을 형상화한 건축물"이라고 설명했다.

미래과학자거리

이 건물은 도시 조성 당시에는 계획에 없었는데 김정은 위원장의 지시로 부랴부랴 건축되었다고 한다.

이밖에도 은하과학자거리, 위성과학자주택지구, 려명거리를 봐도 요즘 평양의 건설 열기가 느껴진다. 이 거리에는 탁아소, 유치원, 학교, 종합진료소, 약국, 각종 편의 봉사시설, 체육공원을 포함한 다수의 공원들이 어우러져 있다.

또 주택지구 주민들이 먹을 채소를 재배하기 위해 고리형 순환

생산 체계를 도입한 태양열 온실과 텃밭도 조성했다.

처음 평양에 갔을 때 서울의 아파트 단지와 달리 건물 모양들이 다채롭고 특이해서 현란하다는 느낌을 받았다. 그때는 사회주의 도시 건설의 방향이나 사회주의 건축에 대해서는 전혀 모르던 시절이었고, 다만 '비효율적이지 않을까?'라는 우려를 했던 것 같다. 그런데 북을 알게 되면서 북이 수도 평양에 얼마나 애착을 갖고 품격 있는 도시, 인민들이 살기 좋은 도시, 미학이 살아있는 도시로 만들려고 했는지 어렴풋이 느낄 수 있었다.

서울이라는 거대 도시의 삶에 지쳐 전원생활을 꿈꾸는 사람들이 갈수록 늘어나지만 보통의 시민들에게는 이 역시 만만한 일은 아니다. 요즘은 지자체마다 녹지 공간과 역사문화 공간을 최대한 확보하려 하고, 재건축하여 주민들에게 고향 사랑의 마음도 넣어주고, 관광객도 유치하려는 노력이 강화되는 것을 보면서 흐뭇하다. 진작 이런 전면적인 지역 설계가 있었더라면 어땠을까 하는 아쉬움도 느낀다.

평양양로원

평양애육원(고아원)

평양의 야경

에필로그

통일을 준비하는 긴 기다림의 길목에서

나는 올해도 남북 관계의 봄을 기다리고 있다

2019년 12월 31일, 조선로동당 제7기 5차 전원회의에서 김정은 위원장은 "미국의 본심은 대화와 협상의 간판을 걸어놓고 흡진갑진하면서 정치외교적 잇속을 차리는 동시에 제재를 계속 유지하여 우리의 힘을 점차 소모 약화시키자는 것"이라며 현재 미국의 대북 제재를 정면 돌파하여 자력갱생으로 사회주의 강국을 실현하겠다고 선언했다.

2018년 6월, 북미 정상 간에 맺어진 싱가포르 선언 이후 북은 풍계리 핵실험장 폐쇄 등 한반도 비핵화를 위한 성의 있는 선행 조치를 취했음에도 불구하고 미국의 대북 제재는 10차례 이상 강화되었을 뿐이니 미국의 실질적인 태도 변화가 없는 한 미국과의 협상에 기대하지 않는 것은 당연하다.

그 후 우리 정부는 북미 관계가 답보 상태라며, 남북 관계를 선차적으로 발전시킬 차례라며, 개별 관광을 통한 민간 차원의 교류라도 우선 시작하자고 제안했다.

북은 김정은 위원장과 문재인 대통령과의 세 번의 만남과 두 차례에 걸친 공동 선언에도 불구하고 우리가 약속을 이행한 것이 전혀 없자 냉랭한 입장을 취하고 있지만 남북 관계의 훈풍은 갑자기 불어오는 것이라서 나는 여전히 올해 중이라도 북녘 땅을 다시 가볼 수 있다는 기대감을 버리지 못하고 있다.

봄을 맞이하는 우리의 기대와 설레임

통일을 준비하려면 무엇을 해야 하느냐는 질문에 얼른 대답하기가 쉽지 않다. 생각나는 대로 주섬주섬 챙겨보면서 무엇부터 꼽아야 할지 망설여진다. 그러나 한 가지 분명한 사실은 통일을 위해 가장 중요한 준비는 '북을 바로 아는 것'이다. 그동안 우리를 길들였던 북에 대한 가짜뉴스, 왜곡된 보도의 실체를 깨닫지 못한다면 여전히 분단 체제에 갇혀있는 것이다.

지금 이 순간에도 거의 모든 언론이 북에 대한 거짓선전을 다양한 각도에서 양산하고 있다. 그 누구도 북에 대해서 객관적인 보도를 하지 않는다. 아직도 국가보안법은 살아있고, 종북 논쟁에 휘말릴까 봐 끊임없이 자기 검열을 하고 있다.

북 바로 알기는 자기 검열에서 깨어나려는 결단과 용기를 요구한다. 그 결단과 용기는 예전처럼 엄청난 피해를 각오하는 것이 아니다. 객관적으로 바라보려는 진지함, 인문학적 상상력, 솔직한 질문과 토론의 문화. 이제 이런 가치에 열려있는 마음만으로도 우리는 충분히 진실과 마주할 수 있다. 이것이 지금의 정세가 우리에게 주는 선물이다.

예전에 북을 알고자 하는 노력이 두려움과 고민에 찬 결단이었다면 지금은 인터넷에서 쉽게 찾을 수 있는 북의 사진과 영화만으로도 가능하며, 시중에는 북을 좀 더 객관적으로 알리기 위한 책도 많이 출판되어있다. 그런 영화와 사진을 보고 책을 읽다 보면 우리가 얼마나 우물 안의 개구리처럼 지금의 분단된 사회만을 절대화했는지를 깨닫는다.

역사적으로도 다양한 사회 체제가 있었고, 그런 새로운 실험은 앞으로도 계속될 것이다. 우리 사회가 변화하는 방향도, 또 분단을 어떻게 극복해야 하는지 아무도 모른다. 그러나 분명한 것은 진실을 알고 싶어 하는 사람들, 한발 더 나아가려는 사람들의 손으로 우리 민족의 새로운 미래가 개척된다는 사실이다.

미래 세대는 새로운 길을 가야 한다

한반도의 통일 미래는 우리에게 무엇을 가져다줄까? 상상이 되지 않는다. 아마도 아무도 가지 않은 전인미답의 새로운 길이기 때문이다.

북은 이제 경제 발전을 시작했으며, 우리는 분단에 길들여진 긴 꿈에서 깨어나고 있다. 아마 앞으로 통일 민족으로 나아가기 위해 할 수 있는 일의 범위도 훨씬 더 커질 것이다. 분단의 섬에 갇혀있던 조그만 나라가 아닌 잘린 민족의 혈맥을 이어 그 누구도 넘볼 수 없는 아시아 강국으로서의 위엄을 갖출 수 있을 것이다. 그렇지만 지금은 그 모습이 상상되지 않는다.

우리의 미래 세대에게 북을 제대로 알릴 수 있는 기회를 제공하는 것, 내가 할 일은 여기까지이다. 본격적인 남북 민간교류의 꿈도 미래 세대들이 더 풍부하고 의미 있게 열어갈 것이라고 믿는다. 그들이 우리가 이루지 못한 우리 민족 번영의 꿈을 제대로 완성해주기를 바라는 마음으로 글을 맺는다.

미래 세대를 위한 북 바로 알기

우리는 통일 세대

초판 1쇄 발행 2020년 3월 20일
초판 3쇄 발행 2021년 11월 20일

지은이 김이경

기획·편집 도은주
미디어 마케팅 류정화

펴낸이 윤주용
펴낸곳 초록비책공방

출판등록 2013년 4월 25일 제2013-000130
주소 서울시 마포구 월드컵북로 402 KGIT 센터 921A호
전화 0505-566-5522 팩스 02-6008-1777

메일 greenrainbooks@naver.com
인스타 @greenrainbooks
포스트 http://post.naver.com/jooyongy
페이스북 http://www.facebook.com/greenrainbook

ISBN 979-11-86358-72-6 (03340)

* 정가는 책 뒤표지에 있습니다.
* 파손된 책은 구입처에서 교환하실 수 있습니다.